François=Bonaventure Théry=Halligan.

1738 - 1816.

PRÉSIDENT DE L'ADMINISTRATION MUNICIPALE DE LA VILLE DE LILLE,
DOYEN DU CONSEIL DE PRÉFECTURE DU DÉPARTEMENT DU NORD,
CHEVALIER DE LA LÉGION D'HONNEUR.

GÉNÉALOGIE

DE LA FAMILLE

THÉRY-LE CLERCQ.

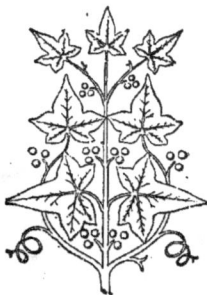

Imprimé par la Société de Saint - Augustin.

DESCLÉE, DE BROUWER ET CIE,

LILLE. — Rue du Metz, 41. — MDCCCLXXXVIII.

GÉNÉALOGIE

DE LA FAMILLE

TERRY (THÉRY)

NOTICE SUR LA FAMILLE THÉRY.

NE circonstance fortuite ayant provoqué des recherches sur l'origine et les alliances de la famille Théry, il paraît bon de ne pas perdre le fruit de ces recherches, et pour cela de dresser des tableaux généalogiques qui, remis à chacun des membres existants, soient pour eux le mémorial de leur origine et un moyen de les continuer par l'inscription des mariages, naissances et décès qui surviendront dans la suite des ans. Ces tableaux généalogiques ne comportent qu'une nomenclature de noms et de dates ; il n'est pas inutile de les compléter par quelques détails biographiques sur ceux de nos ancêtres paternels ou maternels qui ont eu une situation plus en vue et joué un rôle exceptionnel ; ceux-là constituent, pour leur descendance, comme des titres de noblesse, et surtout des traditions d'honorabilité et des précédents auxquels elle doit s'efforcer de ne pas déroger.

La famille Théry, lilloise depuis un siècle et demi, est originaire de Gefosse, canton de Lessay, arrondissement de Coutances (Manche) ; nous retrouvons à la fin du XVIe siècle un « Samson Terry » né dans cette commune, dont, malgré le changement survenu dans l'orthographe, la descendance s'établit nettement jusqu'à ce jour ; ce Samson Terry et sa descendance directe jusqu'à Louis Terry, né le 2 mars 1711, sont qualifiés « laboureurs », mais ce Louis quitta le village natal pour venir dans le Nord, au Quesnoy d'abord, puis à Bouchain, où il se fixa par son mariage avec Marie-Jeanne Potier, fille d'un ancien mayeur de cette ville, le 7 août 1736 ; il exerça le commerce de mercerie.

Ici se rencontre le changement d'orthographe du nom, qui ne fut point le fait de Louis Terry, dont la signature n'a varié dans aucun acte, mais celui du rédacteur de l'acte de mariage, qui écrivit « Théry », orthographe qui s'est retrouvée dans les actes subséquents par voie de conséquence.

De ce mariage naquit à Bouchain, le 25 mai 1738, François-Bonaventure.

Envoyé par son père à Lille pour y apprendre le commerce, il fut reçu dans les magasins de M. Vincent Falligan, mercier en gros, et, le 1er octobre 1765, il épousa Pélagie Falligan, fille aînée de son patron, qui en même temps lui céda son commerce. Celui-ci, n'ayant pas de fils, voulut que le nom qu'il avait honoré demeurât attaché à la maison de commerce, et exigea que son gendre le continuât sous la firme Théry-Falligan.

François-Bonaventure était un homme d'intelligence et d'énergie qui conquit notoriété et considération dans sa ville d'adoption ; aussi on le voit, en 1789, nommé chef de division dans la garde nationale (la division comprenait 1000 hommes) ; en

1790, il est élu membre du conseil de la commune ; lors d'une sédition militaire qui éclata la même année, il fit partie de la députation envoyée pour régler les conditions du retrait des régiments en conflit.

Au moment du siège de Lille, la municipalité l'envoya en députation extraordinaire auprès de la Convention, pour obtenir des secours en hommes et en argent, et, quelques mois plus tard, il était encore chargé de négocier près du gouvernement, pour obtenir l'indemnité réclamée à l'État par les Lillois, dont les propriétés avaient été ravagées par les bombes autrichiennes.

Derode dans son histoire de Lille (t. III) mentionne, en plusieurs endroits, le rôle de M. Théry-Falligan, surtout lorsqu'il fut à la tête de la municipalité ; les archives de la ville conservent de lui plusieurs discours, dont l'un, prononcé le 27 juillet 1799, lui valut une destitution, comme manquant d'énergie républicaine ; il fut réintégré dans le corps municipal en décembre suivant. Avec le retour de l'ordre, il entra dans l'administration départementale, et lors de la création des conseils de Préfecture (1803), il fut nommé membre de celui du Nord et investi de la présidence sous le titre alors adopté de Doyen ; il conserva ces fonctions jusqu'à sa mort, arrivée le 2 juin 1816. La Restauration le fit (15 septembre 1815) chevalier de la légion d'honneur. François-Bonaventure est la première figure en relief dans notre lignée ; si sa vie publique commence en 1789, il ne faut pas le confondre avec ces révolutionnaires qui, se substituant aux esprits généreux qui voulaient de sages réformes, et non la destruction de l'ordre social, couvrirent la France de sang et de ruines. Ses discours sont là (1) pour protéger sa mémoire, et permettre à ses descendants d'être fiers de leur ancêtre.

M. et Mme Théry-Falligan eurent quinze enfants et, ce qui doit étonner, une seule branche de cette nombreuse famille subsiste encore, c'est la descendance de l'aîné, Antoine-François-Joseph Théry ; six seulement de ses frères et sœurs se marièrent, trois filles et trois garçons ; trois d'entre eux n'eurent pas d'enfants, les trois autres n'en eurent qu'un seul ; de ceux-là, un garçon, fils de François, mourut à peine arrivé à l'adolescence, une fille entra dans la communauté des Dames du Sacré-Cœur et mourut dans la maison de cet ordre à Lille ; quant au troisième, le fils de Vincent, ses traces sont depuis longtemps perdues, son père s'était fixé à Paris.

En 1789, deux des fils de François-Bonaventure étaient officiers dans un régiment en garnison à Lille (le Royal des Vaisseaux) : c'étaient Louis et Alexis ; le premier était destiné par son père à l'état ecclésiastique, il voulait le faire entrer dans le chapitre de Seclin, où il eût retrouvé un oncle chanoine, mais le jeune homme ne s'était pas senti de vocation pour cet état. Les deux frères se trouvèrent séparés lors de la nouvelle organisation militaire ; Louis entra dans l'état-major, parvint au grade d'adjudant-commandant et fut officier de la légion d'honneur. Appelé à un emploi de son grade lors de la campagne de Russie, il commandait le quartier-général

---

(1) Voir aux annexes.

impérial. Il fut blessé pendant la retraite ; son frère Vincent, qui suivait l'armée dans le service des vivres, le retrouva mourant à Kierch, et put faire constater son décès, arrivé le 15 décembre 1812 ; ce même Louis Théry avait été anobli par un décret (août 1809) confirmé par lettres patentes du 10 août 1810 (1).

Revenons à Antoine-François.

Il épousa, le 9 février 1790, Pélagie-Sophie Falligan, sa cousine issue germaine ; en même temps son père lui céda sa maison de commerce. Son existence n'eut rien de bien accidenté ; il fut membre de la Chambre de Commerce de Lille et du Conseil de Fabrique de Saint-Maurice, sa paroisse.

Une circonstance cependant faillit un jour en faire une victime politique. C'était en 1815, pendant les Cent jours. M. Théry était un royaliste ardent, connu comme tel. Les amis de la royauté des Bourbons avaient, à cette époque, comme moyen de se reconnaître, l'habitude de mettre une épingle enfoncée jusqu'à la tête à l'extrémité de la pointe du revers de l'habit. Un dimanche, sur la Grand'Place, il assistait à la parade. Quelqu'un le signala comme un conspirateur royaliste, parce qu'il avait l'épingle. On l'arrêta et on le conduisit devant le général Lapoype, commandant la place ; on cherchait un motif pour l'incarcérer, l'épingle ne parut pas un crime et au bout de quelques heures on le relâcha.

Lors du mariage de son fils aîné, il lui céda sa maison de commerce et consacra le reste de son existence à Dieu, à sa famille et à la gestion temporelle de la Fabrique de Saint-Maurice, et eut le rare bonheur de célébrer en 1840 ses noces d'or, lui et son épouse encore en possession de leurs facultés intellectuelles et physiques. Cette vie modeste d'un homme de foi, d'honneur et de dévouement, s'éteignit le 29 décembre 1849. Il avait vécu 83 ans. Un hommage fut rendu à sa mémoire (2) par le journal qui représentait les intérêts religieux et moraux. Il laissait deux fils et une fille mariés ; l'aîné, Pierre Théry, fut commerçant, successeur de son père ; le second, Antoine, embrassa la carrière du barreau ; la fille avait épousé Charles Remy, négociant en fers.

Pour rester dans la ligne masculine, disons que Pierre eut un fils, Alfred, qui épousa à Tournay, Léonie Pollet, et se fixa dans cette ville ; cette branche a donc cessé d'être lilloise et même française.

Antoine épousa, en 1832, Caroline Le Clercq, sa cousine, issue germaine par les Falligan. Inscrit au tableau de l'ordre des avocats près le tribunal de Lille, en 1829, il y pratiqua au-delà de cinquante années, et attacha son nom à bon nombre d'affaires qui eurent un retentissement local, notamment le procès du charbonnage de « La Barette, » dans lequel se trouvaient engagées plusieurs notabilités de la ville, entre autres un député à la chambre. Plusieurs fois élu bâtonnier, il fut en outre suppléant de justice de paix, puis juge suppléant au tribunal civil et enfin nommé juge honoraire, lorsqu'il eut atteint la limite d'âge.

(1) Voir aux annexes.
(2) Voir aux annexes.

En même temps qu'il se consacrait à la carrière d'avocat, il dut céder aux sollicitations de ses amis, qui jugeaient son concours utile à l'administration de la ville. En 1851, il entra au conseil municipal. Lorsqu'en 1858, la question de l'agrandissement de la ville se posa, ses collègues le firent membre de la commission chargée d'étudier cette question, et la commission le nomma rapporteur. Après le décret de réunion des communes suburbaines à la ville, M. Théry fut maintenu dans la commission provisoire qui était chargée de commencer l'agrandissement, et investi à nouveau du mandat de rapporteur ; il prit donc une part importante dans la réalisation de cette œuvre qui a fait de Lille la quatrième ville de France après la capitale.

En 1871, lorsque la France eut à nommer une assemblée nationale pour terminer la guerre fatale qu'elle venait de subir, Antoine Théry fut l'un des membres de la députation du Nord, qui en comptait vingt-huit. Monarchiste de conviction, il siégea à la droite et passa à l'extrême droite, lorsque la division se fit dans le parti monarchique ; les uns, et il était de ceux-là, croyant que le Comte de Chambord pouvait reconstituer un gouvernement capable de mettre fin au débordement de passions et d'appétits antisociaux, fruit du relâchement du principe d'autorité produit par trois révolutions ; les autres, redoutant les principes religieux du prince, voulant refaire un gouvernement monarchique sur le modèle de celui de 1830.

Division néfaste qui a conduit une assemblée honnête, chrétienne et monarchique pour les trois quarts, à constituer finalement une république et à disparaître, ne laissant pour son honneur que quelques lois de liberté !

La constitution faite par cette assemblée lui donnait le droit de nommer le quart des membres du Sénat, qui seraient sénateurs à vie ; elle usa de ce droit avant de se séparer, et M. Théry fut l'un des élus ; un siège de sénateur inamovible a couronné sa carrière politique.

Antoine Théry a terminé plus tôt sa carrière judiciaire ; ne pouvant que difficilement concilier les devoirs de sénateur et la pratique des affaires contentieuses, il a renoncé au barreau, laissant à son fils aîné, Gustave, qui s'était formé en travaillant avec lui, une clientèle qui lui est demeurée fidèle.

Les joies de la famille n'ont pas non plus fait défaut aux époux Théry-Le Clercq. Comme M. et Mme Théry-Falligan, ils ont célébré le cinquantième anniversaire de leur mariage ; ils ont vu quatre fils grandir, s'établir par des mariages heureux et conquérir des positions honorables ; l'aîné, Gustave, a déjà été honoré du bâtonnat et de l'ordre pontifical de Pie IX ; le second, Edmond, est chef d'escadrons de cavalerie, décoré de l'ordre de la légion d'honneur ; le troisième, Victor, est avocat à la cour de Douai et juge suppléant au tribunal de cette ville ; le quatrième, Charles, est notaire à Tourcoing. Quinze petits enfants se groupent autour d'eux, dont l'aîné, Louis, est également avocat à Lille. Ici s'arrête cet historique ; il présente une famille qui, pendant plus d'un siècle, s'est maintenue dans une situation honorable et honorée, dont quelques-uns ont reçu de leurs concitoyens des marques d'estime et de consi-dération.

Quel sera son avenir? Si ceux qui lui appartiennent, si leurs descendants lisent ces lignes, ils comprendront que ce passé les oblige; qu'ayant à y ajouter une page à leur tour, elle serait disparate si, comme leurs ancêtres, ils ne demeuraient inviolablement attachés à la foi chrétienne et aux principes religieux qui font les hommes laborieux, honnêtes et dévoués à la famille et à la patrie.

Dieu veuille bénir la famille et lui épargner de dégénérer !

Octobre 1887.

FAMILLE TERRY (THÉRY).

I. — Branche SAMSON TERRY-TERRY [1].

AMSON, né dans la seconde moitié du XVIme siècle à Gefosse, canton de Lessay, arrondissement de Coutances (Normandie) [2], épousa en premières noces *Anne Terry*, morte le 8 mars 1616, et en secondes noces, le 17 juillet 1617, *Françoise Terry*.

Samson était surnommé « le jeune ».

De ses deux mariages Samson eut sept enfants.

Du premier :

1° *Guillemine*, née le 17 avril 1603, morte le 24 mai 1603.

2° *Hubert*, né le 12 janvier 1605.

3° *Étienne* (voir page 1), épousa *Marguerite Marescq*.

4° *Gilles*, né le 30 octobre 1611.

Du second :

5° *Anne*, née le 2 octobre 1618, morte le 18 janvier 1619.

6° *Jean* (voir page 20), épousa *Jeanne Boullang*.

7° *Guillaume*, né le 13 juin 1624.

De ce qui précède on voit que la descendance de Samson se résume en deux branches :

ÉTIENNE TERRY-MARESCQ.

JEAN TERRY-BOULLANG.

II. — Branche ÉTIENNE TERRY-MARESQ.

ÉTIENNE, fils de Samson, né le 9 octobre 1608, épousa le 9 février 1641 *Marguerite Marescq*, née vers 1614 [3], morte le 22 juillet 1674.

De ce mariage naquirent six enfants :

1° *Françoise*, née le 2 novembre 1644.

---

(1) Le chiffre romain placé devant le nom de la branche indique la génération à laquelle elle appartient.

(2) On indiquera le lieu de naissance lorsque les descendants de Samson auront quitté Gefosse.

(3) On a indiqué « né vers » quant l'année de naissance n'est connue que par l'âge porté à l'acte de décès.

2º *Simonne* (voir page 12), épousa *Étienne Painsecq.*

3º *Gilles* (voir page 12), épousa *Marie Fesnient.*

4º *Ysabeau*,morte le 1ᵉʳ décembre 1675.

5º *Raoulette*, épousa le 5 août 1673 *François Gosselin.*

6º *Perette* (voir page 20), épousa *Robert Blaisot.*

De ce qui précède on voit que la descendance d'Étienne se résume en trois branches :

ÉTIENNE PAINSECQ-TERRY.

GILLES TERRY-FESNIENT.

ROBERT BLAISOT-TERRY.

III. — Branche ÉTIENNE PAINSECQ-TERRY.

SIMONNE, fille d'Étienne, née le 20 janvier 1648, morte le 8 juillet 1681, épousa *Étienne Painsecq.*

De ce mariage naquirent trois enfants :

1º *Marin*, né le 12 février 1672.

2º *Jacques*, épousa, le 23 juillet 1705, *Anne Dauvin.*

3º *Pierre*, né le 4 mai 1681.

III. — Branche GILLES TERRY-FESNIENT.

GILLES, fils d'Étienne (mort le 9 novembre 1693), épousa, le 30 juillet 1678, *Marie Fesnient.*

De ce mariage naquirent six enfants, savoir :

1º *Gilles*,né le 5 octobre 1679, mort le 20 octobre 1702, épousa, le 4 novembre 1700, *Françoise Baudouin.*

2º *Geneviève*, née le 23 octobre 1682.

3º *Charles* (voir page 13), épousa *Anne Letourneur, Ysabeau Heuget, Françoise Dosron.*

4º *Françoise* (voir page 15), épousa *Louis Terry.*

5º *Nicolas* (voir page 15), épousa *Françoise Girard, Jeanne Legros.*

6º *Marie-Anne*, née le 30 septembre 1692.

De ce qui précède on voit que la descendance de Gilles se résume en trois branches :

CHARLES TERRY-LETOURNEUR-HEUGET-DOSRON.
LOUIS TERRY-TERRY.
NICOLAS TERRY-GIRARD-LEGROS.

────────────────────────────

IV. — Branche CHARLES TERRY - LETOUR-NEUR - HEUGET - DOSRON.

CHARLES, fils de Gilles, né le 20 février 1685, mort le 8 août 1738, épousa en premières noces, le 16 juillet 1709, *Anne Letourneur,* en secondes noces *Ysabeau Heuget,* née vers 1686, morte le 8 décembre 1726, et en troisièmes noces *Françoise Dosron,* née vers 1694, morte le 19 juillet 1764.

De ces trois mariages sont nés neuf enfants, savoir :

Du premier mariage :

1º *Gilles,* né le 8 décembre 1710, mort le 31 janvier 1780.

2º *Marie,* née le 22 novembre 1713.

Du second mariage :

3º *Françoise,* née le 14 janvier 1718.

4º *Élisabeth,* née le 3 septembre 1720.

5º *Pierre,* né le 1er avril 1723.

Du troisième mariage :

6º *Marie-Anne,* née le 3 février 1728.

7º *Louis-Charles,* né le 13 mars 1731.

8º *Pierre-Jean,* né le 23 juin 1733, mort le 13 février 1788.

9º *Charles* (voir page 13), épousa *Jeanne Dauvin.*

De ce qui précède on voit que la descendance de Charles se résume en une branche :

CHARLES TERRY-DAUVIN.

────────────────────────────

V. — Branche CHARLES TERRY - DAUVIN.

CHARLES, fils de Charles, né le 14 juillet 1735, mort le 8 décembre 1808, épousa le 5 février 1767 *Jeanne Dauvin,* née vers 1723, morte le 18 mars 1783.

De ce mariage naquirent huit enfants :

1º *Marie-Françoise* (voir page 16), épousa *Nicolas Terry.*

2º *Françoise-Michelle,* née le 29 septembre 1769, morte le 11 février 1854.

3º *Gilles,* né le 18 avril 1771, mort le 22 avril 1771.

4º *Pierre*, né le 18 avril 1771, mort le 22 avril 1771.

5º *Louis-Charles*, né le 5 avril 1772, épousa, le 22 germinal an VII, *Julie-Aimée Le Clerc*, née vers 1774.

6º *Charles*, né le 21 septembre 1774.

7º *Alexis-François*, né le 18 avril 1776, mort le 26 mars 1781.

8º *Pierre-François* (voir page 14), épousa *Marie-Louise Osmond, Marie-Françoise Ledoyen, Marie-Élisabeth Ledoyen.*

De ce qui précède on voit que la descendance de Charles se résume en deux branches :

NICOLAS TERRY-TERRY.

PIERRE TERRY-OSMOND-LEDOYEN-LEDOYEN.

VI. — Branche NICOLAS TERRY-TERRY.

(Voir page 16).

VI. — Branche PIERRE TERRY-OSMOND LEDOYEN-LEDOYEN.

PIERRE-FRANÇOIS, fils de Charles, né le 19 décembre 1779, mort le 19 septembre 1845, épousa en premières noces, le décadi de prairial an VII, *Marie-Louise Osmond*, née vers 1777 ; en secondes noces, le 22 germinal an XII, *Marie-Françoise Ledoyen*, née le 4 juin 1772, morte le 7 décembre 1813 ; et en troisièmes noces, le 26 octobre 1814, *Marie-Élisabeth Ledoyen*, née le 7 février 1792.

Du premier mariage il n'eut pas d'enfants ; des deux autres il en eut neuf, savoir :

Du deuxième :

1º *Rose-Angélique*, née le 9 florial an XII, morte le 16 mars 1807.

2º *Pierre-Alexandre* (voir page 15), épousa *Euphrosine Godefroy.*

3º *André-Jean*, né le 18 octobre 1808, mort le 27 juillet 1809.

4º *Marie-Désirée*, née le 13 mai 1810, morte le 4 octobre 1885.

Du troisième :

5º *Jacques-Aimable*, né le 20 février 1816, mort le 1er mai 1816.

6º *Amand-Félix*, né le 24 avril 1817.

7º *Émilie-Constance*, née le 2 décembre 1819, épousa le 16 mars 1842 *Emmanuel-Aimable de Saint-Denis*, né 9 janvier 1816.

8º *Rosalie-Victoire*, née le 23 juin 1822.

9º *Siméon-Alexandre*, né le 10 mars 1829.

De ce qui précède on voit que la descendance de Pierre se résume en une branche :

PIERRE TERRY-GODEFROY.

VII. — Branche PIERRE TERRY-GODEFROY.

PIERRE-ALEXANDRE, né le 19 juin 1806, épousa le 30 juin 1842 *Euphrosine-Aimée Godefroy*, née le 1er septembre 1811.

De ce mariage naquit un fils :

Félix-Aimable, né le 18 mai 1843.

IV. — Branche LOUIS TERRY-TERRY.

(Voir pages 12 et 13).

IV. — Branche NICOLAS TERRY-GIRARD-LEGROS.

NICOLAS, fils de Gilles (voir page 12), né le 19 février 1690, mort le 12 mars 1736, épousa en premières noces, le 9 octobre 1717, *Françoise Girard*, morte le 26 juin 1725, et en secondes noces *Jeanne Legros*, née vers 1698, morte le 22 septembre 1781.

De ses deux mariages Nicolas eut sept enfants, savoir :

Du premier :

1º *Nicolas* (voir page 16), épousa *Françoise Le Rossey, Denize Le Coullard* et *Marie-Françoise Terry*.

2º *Pierre*, né le 25 mai 1721, mort le 5 février 1741.

Du second :

3º *Marie-Françoise*, née le 22 mars 1728, morte le 24 mars 1731.

4º *Gilles* (voir page 16), épousa *Julienne Laisney*.

5º *Guillaume*, né le 26 février 1731, mort le 24 octobre 1731.

6º *Marie-Anne*, née le 24 décembre 1734.

7° *Louis* (voir page 20), épousa *Jeanne Godefroy.*

De ce qui précède, on voit que la descendance de Nicolas se résume en trois branches :

NICOLAS TERRY-LE ROSSEY-LE COULLARD-TERRY.

GILLES TERRY-LAISNEY.

LOUIS TERRY-GODEFROY.

V. — Branche NICOLAS TERRY-LE ROSSEY-LE COULLARD-TERRY.

NICOLAS, fils de Nicolas, né vers 1719, mort le 18 germinal an VI, épousa, en premières noces, le 16 février 1743, *Françoise Le Rossey*, née vers 1717, morte le 19 mai 1743 ; épousa, en secondes noces, le 19 janvier 1745, *Denize le Coullard*, morte le 15 décembre 1783 ; épousa, en troisièmes noces, le 23 vendémiaire an III, *Marie-Françoise Therry* (voir page 13), née le 8 décembre 1767, morte le 3 novembre 1845.

Nicolas eut de ses deux derniers mariages neuf enfants, savoir :

Du second :

1° *Françoise*, née le 25 septembre 1746, morte le 2 janvier 1747.

2° *Gilles*, né le 12 octobre 1747.

3° *Nicolas*, né le 12 septembre 1749.

4° *Jean-Baptiste*, né le 17 octobre 1751.

5° *Louise-Françoise*, née le 25 septembre 1754, morte le 28 février 1808, épousa *Louis Painsecq.*

6° *Michel-Antoine*, né le 1er septembre 1756.

7° *Louis-Joseph*, né le 20 janvier 1760.

8° *Marie-Anne*, née le 8 février 1762.

Du troisième :

9° *Jean-François*, né le 6 pluviôse an IV, mort le 27 octobre 1832.

V. — Branche GILLES TERRY-LAISNEY.

GILLES, fils de Nicolas, né le 28 juillet 1729, mort avant 1787, épousa *Julienne Laisney.*

De ce mariage naquirent cinq enfants, savoir :

1° *Charles* (voir page 17), épousa *Charlotte Terry.*

2° *Louis* (voir page 18), épousa *Marie Marescq.*

3º *Gilles*, né le 15 octobre 1758, mort le 23 février 1759.

4º *Jeanne* (voir page 19), épousa *François Clérot*.

5º *Marie-Louise-Angélique*, née le 12 mars 1765, morte le 19 mai 1837, épousa *Pierre Dupont*.

De ce qui précède on voit que la descendance de Gilles se résume en trois branches :

CHARLES TERRY-TERRY.

LOUIS TERRY-MARESCQ.

FRANÇOIS CLÉROT-TERRY.

VI. — Branche CHARLES TERRY-TERRY.

CHARLES, fils de Gilles, né le 18 septembre 1749, mort le 15 mars 1840, épousa, le 10 juin 1777, *Charlotte-Marguerite Terry*, née le 27 septembre 1757, morte le 7 janvier 1810.

De ce mariage naquirent sept enfants, savoir :

1º *Victoire-Aimable*, née le 13 juin 1780, morte le 10 décembre 1854, épousa *Aimable-Victor Troude*, né vers 1777, mort le 22 janvier 1813.

2º *Marie-Anne*, née le 7 décembre 1782, morte le 18 juillet 1860.

3º *Julie*, née le 6 mars 1786, épousa le 1er juin 1809 *Pierre Marescq*, né le 3 septembre 1781.

4º *Pierre*, né le 22 décembre 1788.

5º *Charles* (voir page 17), épousa *Adèle Vaultier*.

6º *Émilie*, née le 6 ventôse an II, morte le 26 décembre 1874, épousa *Louis-Siméon Marescq*.

7º *Auguste* (voir page 18), épousa *Honorine Fesnient*.

De ce qui précéde on voit que la descendance de Charles se résume en deux branches :

CHARLES TERRY-VAULTIER.

AUGUSTE TERRY-FESNIENT.

VII. – Branche CHARLES TERRY-VAULTIER.

CHARLES-ALEXANDRE, fils de Charles, né le 28 juillet 1791, mort le 19 juillet 1845, épousa le 10 septembre 1828 *Adèle Vaultier*, née le 18 décembre 1801.

De ce mariage naquirent quatre enfants, savoir :

1º *Justine-Aimée*, née le 20 mars 1830.

2º *Magloire-Aimable*, née le 27 septembre 1832.

3º *Victoire-Alexandrine*, née le 11 juillet 1836.

4º *Eugène-Léopold*, né le 1er décembre 1838.

VII. — Branche AUGUSTE TERRY-FESNIENT.

AUGUSTE-AIMABLE, fils de Charles, né le 30 floréal an V, mort le 11 avril 1881, épousa, le 4 janvier 1822, *Honorine-Françoise Fesnient*, née le 19 pluviôse an VI.

De ce mariage naquirent deux enfants, savoir :

1º *Pierre* (voir page 18), épousa *Marie-Godefroy*.

2º *Alexandre-Aimable*, né le 18 mars 1826, mort le 13 juillet 1845.

De ce qui précède, on voit que la descendance d'Augustin se résume en une branche :

PIERRE TERRY-GODEFROY.

VIII. — Branche PIERRE TERRY-GODEFROY.

PIERRE-AMAND, fils d'Auguste, né le 23 mai 1824, épousa le 1er août 1853 *Marie-Victoire Godefroy*, née le 27 juin 1829.

De ce mariage naquirent deux enfants, savoir :

1º *Marie-Adèle*, née le 7 avril 1854.

2º *Alexandre-Louis-Pierre*, né le 2 juillet 1864.

VI. — Branche LOUIS TERRY-MARESCQ.

LOUIS-AUGUSTIN (voir page 16), fils de Gilles, né le 29 octobre 1753, mort le 22 août 1840, épousa, le 8 février 1787, *Marie-Françoise Marescq*.

De ce mariage naquirent cinq enfants, savoir :

1º *Jeanne-Françoise*, née le 31 octobre 1787, morte le 2 décembre 1787.

2º *Gilles*, né le 2 avril 1789, mort le 26 mars 1809.

3° *Pierre* (voir page 19), épousa *Rose Marescq*.

4° *Victoire-Marie*, née le 16 germinal an VI, morte le 10 juillet 1810.

5° *Louis-François*, né le 9 ventôse an XII, mort le 6 mai 1808.

De ce qui précède on voit que la descendance de Louis se résume en une branche :

PIERRE TERRY-MARESCQ.

VII. — Branche PIERRE TERRY-MARESQ.

PIERRE-ANDRÉ, fils de Louis, né le 17 août 1791, mort le 28 avril 1851, épousa le 20 février 1813 *Rose-Angélique Marescq*. née le 10 frimaire an V, morte le 18 octobre 1843.

De ce mariage naquirent six enfants, savoir :

1° *Louis* (voir page 19), épouse *Marie Leprest*.

2° *Pierre-Alexandre*, né le 1er février 1819, épousa en premières noces, le 28 juillet 1857, *Marie-Angélique Bernard*, née le 17 janvier 1815, morte le 18 juillet 1880, et en secondes noces, le 22 novembre 1882, *Victoire-Marie Marescq*, née le 27 février 1814.

3° *Victoire-Aimée*, née le 21 mars 1822.

4° *Aimée-Virginie*, née le 11 octobre 1828.

5° *Aimable-Félix*, né le 12 décembre 1831, mort le 16 janvier 1832.

6° *Aimable-Félix*, né le 24 mai 1833, mort le 29 juillet 1833.

De ce qui précède on voit que la descendance de Pierre se résume en une branche :

LOUIS TERRY-LEPREST.

VIII. — Branche LOUIS TERRY-LEPREST.

LOUIS-GILLES, fils de Pierre, né le 25 septembre 1815, épousa, le 28 août 1861, *Marie-Victoire Leprest*, née le 7 novembre 1836.

De ce mariage naquit une fille :

Angélique-Adèle, née le 6 janvier 1863.

VI. — Branche FRANÇOIS CLÉROT-TERRY.

JEANNE-FRANÇOISE (voir page 17), fille de Gilles, née le 9 novembre 1760, morte le 9 novembre 1842, épousa *François Clérot*.

De ce mariage naquit un fils :

Jean-Baptiste, né en 1789, mort le 16 juillet 1789.

V. — Branche LOUIS TERRY-GODEFROY.

Louis, fils de Nicolas (voir page 16), né le 13 septembre 1732, mort le 11 février 1816, épousa le 29 janvier 1761 *Jeanne Godefroy*.

De ce mariage naquirent cinq enfants :

1º *Marie-Jeanne-Louise*, née le 24 novembre 1762, morte le 10 mars 1844, épousa le 27 juillet 1784 *Pierre-Michel Marescq*.

2º *Jeanne-Louise*, née le 4 septembre 1765, morte le 3 juillet 1811, épousa *François-Ledoyen*.

3º *Louise-Angélique*, née le 12 décembre 1769.

4º *Louis*, né le 20 novembre 1773.

5º *Pierre-Victor*, né le 15 novembre 1777.

III. – Branche ROBERT BLAISOT-TERRY.

Perette, fille d'Étienne (voir page 12) (morte le 13 février 1694), épousa, le 25 juillet 1673 *Robert Blaisot*.

De ce mariage naquirent quatre enfants :

1º *Geneviève*, née le 3 janvier 1675, morte le 4 janvier 1675.

2º *Jacques*, né le 12 octobre 1675.

3º *Jean*, né le 27 décembre 1676, mort le 30 décembre 1676.

4º *Gilles*, né le 25 mars 1678, mort le 26 mai 1678.

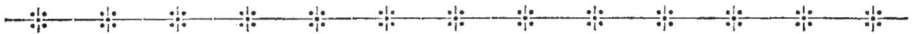

II. — Branche JEAN TERRY-BOULLANG.

Jean (voir page 11), fils de Samson, né le 21 février 1621, mort le 10 décembre 1676, épousa le 25 août 1644 *Jeanne Boullang* (morte le 26 septembre 1694), fille de *Nicolas* et de *Marie Terry* (1).

De ce mariage naquirent quatre enfants :

1º *Jean* (voir page 21), épousa *Françoise Légionnet*.

2º *Jean dit le Jeune* (voir page 30), épousa *Gilette Duchemin*.

3º *Martinne*, née vers 1650, épousa le 27 septembre 1687 *Jean Hardy*.

---

(1) *Nicolas Boullang* et *Marie Terry* eurent cinq enfants :
1º *Jeanne*.
2º *Thomas*, né le 10 décembre 1622.
3º *Perrine*, née le 6 janvier 1625.
4º *Jean*, né le 1er juin 1628.
5" *Marguerite*, née le 6 février 1636.

4º *Louis* (voir page 32), épousa *Samsonne Fesnient, Samsonne Rommy, Françoise Letourneur, Michelle Godefroy.*

De ce qui précède on voit que la descendance de Jean se résume en trois branches :

JEAN TERRY-LÉGIONNET.

JEAN TERRY-DUCHEMIN.

Louis TERRY-FESNIENT, ROMMY, LETOURNEUR, GODEFROY.

III. — Branche JEAN TERRY-LÉGIONNET.

JEAN, fils de Jean, né le 20 octobre 1646, épousa, le 25 juillet 1673, *Françoise Légionnet*, fille de *Gilles* et de *Anne Lemère.*

De ce mariage naquirent huit enfants :

1º *Louis*, né le 21 septembre 1674, mort le 8 mai 1675.

2º *Perrine*, née le 8 mai 1676, morte le 26 avril 1732, épousa le 30 juillet 1701 *Gilles Painsecq.*

3º *Louis* (voir page 21), épousa *Anne Leprest, Françoise Terry.*

4º *Marie*, née le 14 avril 1681.

5º *Marie*, née le 20 avril 1683, épousa le 11 février 1706 *Gilles Blaisot.* De ce mariage naquit le 23 février 1712 *Pierre.*

6º *Michel*, né le 29 septembre 1684, mort le 12 janvier 1686.

7º *Jeanne*, née le 3 octobre 1686, morte le 25 octobre 1707.

8º *Jacqueline*, née le 27 mai 1689, morte le 26 avril 1690.

De ce qui précède on voit que la descendance de Jean se résume en une branche :

Louis TERRY-LEPREST, TERRY.

IV. — Branche LOUIS TERRY-LEPREST, TERRY.

LOUIS, fils de Jean, né le 19 août 1678, mort le 4 mars 1712, épousa en premières noces, le 19 novembre 1705, *Anne Leprest*, fille de *Jean* et de *Marie Godefroy*, morte le 9 juin 1707, et en secondes noces, le 2 juillet 1708, *Françoise Terry* (voir pages 12 et 15), née le 25 mars 1688, morte le 1er juin 1714.

De ce mariage naquirent deux enfants :

1º *Nicolas*, (voir page 22), épousa *Jeanne Laisney.*

2º *Louis* (voir page 22), épousa *Marie-Jeanne Potier, Marie-Anne Lecomte.*

De ce qui précède on voit que la descendance de Louis se résume en deux branches :

NICOLAS TERRY-LAISNEY.

Louis TERRY-POTIER, LECOMTE.

V. — Branche NICOLAS TERRY-LAISNEY.

Nicolas, fils de Louis, né le 18 avril 1709, épousa, le 2 février 1734, *Jeanne Laisney.*

De ce mariage naquit *une fille,* née et morte le 25 octobre 1739.

—❖—❖—❖—❖—❖—❖—❖—❖—❖—❖—❖—❖—

V. — Branche LOUIS TERRY-POTIER, LECOMTE.

Louis, fils de Louis, né le 2 mars 1711 à Gefosse, mort le 20 avril 1784 à Bouchain (Nord), épousa en premières noces, le 7 août 1736, à Bouchain, *Marie-Jeanne Potier,* née à Bouchain le 11 mai 1715, morte le 26 juillet 1740, fille de *Bonaventure Potier* (ancien mayeur de Bouchain) et de *Jacqueline Carlier* (1), et en secondes noces, à Marchiennes, le 31 janvier 1741, *Marie-Anne-Joseph Lecomte,* née à Marchiennes le 21 décembre 1721, fille de *Charles-François Lecomte* et de *Marie-Barbe Petit.*

Louis quitta Gefosse pour venir habiter le Quesnoy; il y resta jusqu'à son mariage, époque à laquelle il vint habiter Bouchain, où il exerça la profession de mercier. C'est à partir de Louis que le nom de *Terry* s'est transformé en *Théry* (voir notice.)

De son premier mariage Louis eut trois enfants :

1º *Louis-Joseph,* né le 28 août 1736, mort jeune.

2º *François-Bonaventure* (voir page 22), épousa *Pélagie Falligan.*

3º *Louis-Joseph,* né le 26 mars 1740, mort le 4 octobre 1740.

De son second mariage il eut deux enfants :

4º *Florentine-Joseph,* née le 24 décembre 1741, morte le 3 septembre 1757.

5º *Marie-Rose-Joseph,* née le 25 décembre 1743, morte le 16 janvier 1744.

De ce qui précède on voit que la descendance de Louis se résume en une branche : François-Bonaventure THÉRY-FALLIGAN.

—❖—❖—❖—❖—❖—❖—❖—❖—❖—❖—❖—❖—

VI. — Branche FRANÇOIS-BONAVENTURE THÉRY-FALLIGAN.

François-Bonaventure, fils de Louis, né à Bouchain le 25 mai 1738, mort à Lille (2), le 2 juin 1816, épousa le 1er octobre 1765, à Lille, *Pélagie-Joseph Falligan* (voir page 39).

---

1. Marie-Quentine Potier, sœur de Marie-Jeanne, avait épousé, le 1er décembre 1724, Placide Théry, médecin à Marchiennes. C'est d'eux que descend la famille Théry dont plusieurs membres ont été pendant ce siècle notaires à Lille et à Ronchin. La parenté avec cette famille Théry résulte du mariage des demoiselles Potier avec Placide Théry et avec Louis Terry.

2. Tous les descendants de François-Bonaventure dont le lieu de naissance n'est pas indiqué sont nés à Lille.

François-Bonaventure fut négociant en mercerie à Lille.

Nommé, en 1789 chef de division de la garde nationale, en 1790 et 1792 membre de l'administration municipale, en 1799 président de l'administration municipale, membre du directoire départemental, puis doyen du conseil de préfecture du Nord de 1803 à 1816 Décoré de l'ordre royal de la légion d'honneur le 18 septembre 1815.

François-Bonaventure eut quinze enfants :

1° *Antoine* (voir page 24), épousa *Pélagie Falligan.*

2° *Pélagie-Angélique-Louise,* née le 29 mai 1767, morte le 12 mars 1805.

3° *Sophie-Thérèse-Joseph,* née le 17 juin 1768, morte le 5 décembre 1840, épousa, le 1er mai 1810, *Louis-François-Joseph Delacourt,* chirurgien, né à Monchin le 16 mars 1753, mort le 24 octobre 1817.

4° *Louis-Noël-Joseph,* né le 25 décembre 1769, mort le 15 décembre 1812 à Kierck (Pologne).

Louis était adjudant-commandant à l'état-major de la grande armée, commandant du quartier général impérial, officier de la légion d'honneur ; il fut créé chevalier de l'empire le 13 août 1810.

5° *Alexis-Henri-Joseph,* né le 15 décembre 1770, mort le 2 août 1831, épousa le 10 août 1814 *Ursule-Joseph Bonte,* née le 1er mars 1784.

Alexis était capitaine d'infanterie.

6° *François-Lambert-Joseph,* né le 21 janvier 1772, mort le 5 décembre 1847, épousa le 3 septembre 1823 *Julie-Sabine-Aimée-Joseph Delain,* née le 15 décembre 1781, morte le 14 décembre 1827. De ce mariage naquit un fils, *Jules-Adolphe,* né le 2 juin 1813, mort le 3 octobre 1828.

7° *Pélagie-Mélanie-Louise,* née le 1er juillet 1773, morte le 20 décembre 1818, épousa *N. Maillet.*

8° *Pierre-Joseph-Marie,* né le 4 août 1774, mort le 17 mai 1781.

9° *Angélique-Théodorique-Joseph,* née le 15 novembre 1775, morte le 1er janvier 1812, épousa le 12 avril 1809 *Charles-Antoine-Joseph Depinoy,* né à Douai, le 11 octobre 1783, mort le 10 novembre 1818. De ce mariage naquit, le 1er octobre 1809, *Pauline-Joseph-Marie,* religieuse du Sacré-Cœur, morte le 8 octobre 1864.

10° *Henriette-Albertine-Joseph,* née le 22 novembre 1776, morte le 21 mai 1781.

11° *Jean-Baptiste-Bonaventure,* né le 16 mai 1778, mort le 18 mai 1780.

12° *Vincent-Hyacinthe-Joseph,* né le 24 mars 1779, mort le 14 octobre 1852 (à Taverny), épousa *Augustine-Barbe-Victoire Dieudonné,* dont il eut un fils.

13° *Henriette-Françoise-Sophie,* née le 25 juin 1782, morte le 18 février 1805.

14° *Pierre-Charles-Joseph,* né le 28 septembre 1783, mort le 9 novembre 1807.

15° *Henri-Eugène-Joseph,* né le 1er octobre 1784, mort en 1785.

De ce qui précède on voit que la descendance de François-Bonaventure se résume en une branche :

ANTOINE THÉRY-FALLIGAN.

✥——✥——✥——✥——✥——✥——✥——✥——✥——✥——✥——✥——✥

VII. — Branche ANTOINE THÉRY-FALLIGAN.

ANTOINE-FRANÇOIS-JOSEPH, fils de François-Bonaventure, né à Lille le 25 juin 1766, mort le 29 décembre 1849, épousa le 9 février 1790 *Pélagie-Sophie Falligan* (voir page 40), née le 23 décembre 1770, morte le 19 octobre 1845.

Antoine fut négociant en mercerie et membre
de la Chambre de commerce de Lille.

Antoine eut sept enfants :

1º *Pélagie-Françoise-Marie-Joseph*, née le 31 décembre 1790, morte le 20 mai 1825.

2º *Pierre* (voir page 24), épousa *Nicolle Dumon*.

3º *Adèle* (voir page 26), épousa *Charles Remy*.

4º *Virginie-Mélanie-Louise*, née le 31 mars 1799, morte le 20 juin 1817.

5º *Antoinette-Sophie-Joseph*, née le 8 mai 1801, morte le 6 juin 1805.

6º *Antoine* (voir page 28), épousa *Caroline Le Clercq*.

7º *Céline-Augustine*, née le 28 août 1810, morte le 9 décembre 1816.

De ce qui précède on voit que la descendance d'Antoine-François se résume en trois branches :

PIERRE THÉRY-DUMON.

CHARLES REMY-THÉRY.

ANTOINE THÉRY-LE CLERCQ.

✥——✥——✥——✥——✥——✥——✥——✥——✥——✥——✥——✥——✥

VIII. — Branche PIERRE THÉRY-DUMON.

PIERRE-ANTOINE-JOSEPH, fils d'Antoine, né le 21 octobre 1792, mort le 4 août 1854, épousa le 19 mai 1822 *Adèle-Aimée-Émilie* dite *Nicolle Dumon*, née le 20 juin 1802, morte le 8 mars 1875.

Pierre fut négociant en mercerie à Lille.

De ce mariage naquirent quatre enfants :

1º *Louise* (voir page 25), épousa *Louis Remy*.

2º *Alfred* (voir page 25), épousa *Léonie Pollet*.

3º *Adèle-Virginie-Joseph*, née le 24 juin 1833.

4º *Marie* (voir page 26), épousa *Paul Cordonnier*.

De ce qui précède on voit que la descendance de Pierre se résume en trois branches :

Louis REMY-THÉRY.

Alfred THÉRY-POLLET.

Paul CORDONNIER-THÉRY.

❖ ❖ ❖ ❖ ❖ ❖ ❖ ❖ ❖ ❖ ❖ ❖ ❖

IX. — Branche LOUIS REMY-THÉRY.

(Voir page 26.)

❖ ❖ ❖ ❖ ❖ ❖ ❖ ❖ ❖ ❖ ❖ ❖ ❖

IX.— Branche ALFRED THÉRY-POLLET.

Alfred-Auguste-Pierre, fils de Pierre, né le 13 février 1829, mort le 2 juillet 1873, épousa le 9 février 1858 *Léonie-Pauline-Ghislaine-Joseph Pollet*, née le 11 mars 1833.

Alfred se fixa à Tournai et fut brasseur.

De ce mariage naquirent à Tournai quatre enfants :

1º *Léon-Pierre-Marie-Ghislain-Joseph*, né le 30 décembre 1858.

2º *Élise* (voir page 25), épousa *Gustave Carbonnelle*.

3º *Céline-Marie-Ghislaine-Joseph*, née le 13 mai 1863.

4º *Marguerite-Marie-Ghislaine-Joseph*, née le 12 juillet 1865, morte le 25 janvier 1870.

De ce qui précède on voit que la descendance d'Alfred se résume actuellement en une branche :

Gustave CARBONNELLE-THÉRY.

❖ ❖ ❖ ❖ ❖ ❖ ❖ ❖ ❖ ❖ ❖ ❖ ❖

X. — Branche GUSTAVE CARBONNELLE-THÉRY.

Elise-Marie-Ghislaine-Joseph, fille d'Alfred, née le 4 juillet 1861, épousa le 21 janvier 1885 *Gustave-Victor-Jean-François Carbonnelle*, né le 9 janvier 1865, brasseur à Tournai.

De ce mariage naquirent deux enfants :

1º *Marthe-Marie-Ghislaine-Joseph*, née le 24 avril 1886.

2º *Claire-Marie-Ghislaine-Joseph*, née le 30 avril 1887.

IX. — Branche PAUL CORDONNIER-THÉRY.

MARIE-MÉLANIE, fille de Pierre (voir page 24), née le 24 juin 1833, épousa le 20 décembre 1858 *Paul Cordonnier*, né le 20 juin 1829, mort le 22 avril 1871.
De ce mariage naquirent six enfants :

1º *Céline*, née le 22 novembre 1859, morte en juillet 1861.
2º *Marie-Pauline-Rosalie*, née le 25 avril 1861.
3º *Jean-Baptiste-Pierre-Paul*, né le 9 décembre 1862.
4º *Adèle-Augustine-Marie*, née le 18 mai 1864.
5º *Émile-Léon-Joseph*, né le 2 juin 1867.
6º *Paul-Philippe-Antoine*, né le 9 avril 1866.

VIII. — Branche CHARLES REMY-THÉRY.

ADÈLE-CLAIRE-JOSEPH, fille d'Antoine (voir page 24), née le 7 août 1797, morte le 25 mai 1861, épousa, le 16 juillet 1818, *Charles-Arnould-Joseph Remy*, né le 20 janvier 1795, mort le 18 septembre 1854.

Négociant en fer à Lille.

De ce mariage naquirent sept enfants :

1º *Charles-Antoine-Joseph*, né le 15 juin 1819, mort le 27 novembre 1821.
2º *Louis* (voir page 26), épousa *Louise Théry*.
3º *Antoine-Charles-Joseph*, né le 26 avril 1822, mort le 29 juin 1875.
4º *Charles-François*, né le 28 février 1824, mort le 28 août 1860.
5º *Jules-Théodore-Marie*, né le 10 août 1827, mort le 10 juin 1854.
6º *Émile* (voir page 27), épousa *Léontine Camissié*.
7º *Ernest* (voir page 27), épousa *Marie-Antoinette Yon*.

De ce qui précède on voit que la descendance de Charles se résume en trois branches :

Louis REMY-THÉRY,
ÉMILE REMY-CAMISSIÉ,
ERNEST REMY-YON.

IX. — Branche LOUIS REMY-THÉRY.

LOUIS-VALENTIN-ÉMILE, fils de Charles, né le 2 janvier 1821, mort le 12 décembre 1857, épousa, le 21 septembre 1852, *Louise-Antoinette-Angélique Théry*, née le 13 février 1827, morte le 17 mai 1884.
De ce mariage naquit une fille :

Louise-Caroline, née le 26 février 1854, morte le 30 novembre 1879, épousa le 26 avril 1877 *Paul-Andronique-Marie Jaspar*, né le 11 décembre 1848.

❖ — ❖ — ❖ — ❖ — ❖ — ❖ — ❖ — ❖ — ❖ — ❖ — ❖ — ❖ — ❖

IX. — Branche ÉMILE REMY-CANNISSIÉ.

ÉMILE-CHARLES-PIERRE, fils de Charles, né le 28 décembre 1832, épousa le 4 juin 1860, *Léontine-Marie-Jeannette Cannissié*, née le 19 novembre 1836.

Négociant en fer à Lille.

De ce mariage naquirent quatre enfants :
1º *Émilie-Marie-Adèle*, née le 8 juillet 1861.
2º *Charles-Louis-Guillaume*, né le 18 février 1863.
3º *Gabrielle-Marie-Ernestine*, née le 6 juin 1864, morte le 26 janvier 1866.
4º *Marguerite-Amélie-Ernestine*, née le 1er mai 1866.

❖ — ❖ — ❖ — ❖ — ❖ — ❖ — ❖ — ❖ — ❖ — ❖ — ❖ — ❖ — ❖

IX. — Branche ERNEST REMY-YON.

ERNEST-LOUIS-JOSEPH, fils de Charles, né le 15 novembre 1836, épousa le 17 août 1858 *Marie-Antoinette Yon*, née le 18 août 1833.

Filateur à Saint-Maurice-lez-Lille.

De ce mariage naquirent quatre enfants :
1º *Adèle* (voir page 27), épousa *Étienne Dubois*.
2º *Marie-Antoinette-Augustine*, née le 17 novembre 1861.
3º *Jeanne-Marie-Alphonsine-Louise*, née le 12 novembre 1864.
4º *Georges-Émile-Ernest*, né le 10 mai 1867,
De ce qui précède on voit que la descendance d'Ernest se résume actuellement en une branche :

ÉTIENNE DUBOIS-REMY.

❖ — ❖ — ❖ — ❖ — ❖ — ❖ — ❖ — ❖ — ❖ — ❖ — ❖ — ❖ — ❖

X. — Branche ÉTIENNE DUBOIS-REMY.

ADÈLE-MARIE, fille d'Ernest, née le 9 septembre 1859, morte le 18 août 1881, épousa le 15 février 1879 *Étienne-Joseph Dubois*, né à Valenciennes le 15 mars 1855.

De ce mariage naquirent deux enfants :
1º *Stéphane-Joseph*, né le 22 novembre 1879.
2º *Agnès-Marie-Louise*, née le 5 août 1881.

VIII. — Branche ANTOINE THÉRY-LE CLERCQ.

Antoine-Théodore-Joseph, fils d'Antoine (voir page 24), né le 4 mai 1807, épousa le 4 juin 1832 *Caroline-Aimée-Jeanne-Joseph Le Clercq* (voir généalogie de la famille Le Clerq).

Avocat à Lille, suppléant de justice de paix, juge suppléant au tribunal civil de Lille, puis juge honoraire, plusieurs fois membre du conseil municipal de Lille ; nommé en 1871 membre de l'Assemblée nationale, puis sénateur inamovible en 1875.

De ce mariage naquirent six enfants :

1º *Gustave* (voir page 28), épousa *Marie Delcourt*.

2º *Edmond-Charles-Antoine-Joseph*, né le 19 février 1838, mort le 16 juin 1839.

3º *Edmond* (voir page 29), épousa *Caroline Lacaze*.

4º *Victor* (voir page 29), épousa *Marie Proyart*.

5º *Charles-Gustave-Joseph*, né le 27 décembre 1844, mort le 26 janvier 1845.

6º *Charles* (voir page 30), épousa *Jeanne Delesalle*.

De ce qui précède on voit que la descendance d'Antoine se résume en quatre branches :

GUSTAVE THÉRY-DELCOURT.

EDMOND THÉRY-LACAZE.

VICTOR THÉRY-PROYART.

CHARLES THÉRY-DELESALLE.

IX. — Branche GUSTAVE THÉRY-DELCOURT.

Gustave-Antoine-Charles-Jean-Baptiste, fils d'Antoine, né le 27 janvier 1836, épousa, le 15 septembre 1862, *Marie-Adèle-Élisabeth Delcourt*, née le 31 août 1841, fille de *Louis-Joseph* et de *Élisabeth-Eugénie Malfait*.

Avocat à Lille. Chevalier de l'ordre de Pie IX.

De ce mariage naquirent sept enfants :

1º *Louis* (voir page 29), épousa *Cécile Bernard*.

2º *André-Charles-Marie-Joseph*, né le 21 décembre 1864.

3º *Paul-Ernest-Marie-Joseph*, né le 21 septembre 1867.

4º *Marie-Antoinette-Julie-Joseph*, née le 24 octobre 1869.

5º *Maurice-Victor-Ignace-Marie-Joseph*, né le 30 juillet 1873.

6º *Germaine-Marie-Joseph-Pia*, née le 20 juillet 1876.

7º *Gabrielle-Caroline-Marie-Joseph*, née le 24 mai 1878.

De ce qui précède on voit que la descendance de Gustave se résume actuellement en une branche :

Louis THÉRY-BERNARD.

─╫─ ─╫─ ─╫─ ─╫─ ─╫─ ─╫─ ─╫─ ─╫─ ─╫─ ─╫─ ─╫─ ─╫─ ─╫─

X. — Branche LOUIS THÉRY-BERNARD.

Louis-Antoine-Marie-Joseph, fils de Gustave, né le 15 janvier 1864, épousa le 5 août 1886, à Santes, *Cécile-Marie-Louise-Alexandrine-Adèle-Bernard*, née à Santes le 31 décembre 1866, fille de *Paul-Marie-Charles* et de *Louise-Adèle-Marie-Henriette-Mathilde Roquette*.

Avocat à Lille.

De ce mariage naquit un fils, *Antoine-Marie-Joseph-Louis-Nicolas-Ghislain*, né à Santes, le 26 août 1887.

─╫─ ─╫─ ─╫─ ─╫─ ─╫─ ─╫─ ─╫─ ─╫─ ─╫─ ─╫─ ─╫─ ─╫─ ─╫─

IX. — Branche EDMOND THÉRY-LACAZE.

Edmond-Antoine, fils d'Antoine (voir page 28), né le 7 décembre 1840, épousa à Libourne le 8 octobre 1872 *Marie-Thérèse-Caroline-Lacaze*, née le 18 juillet 1851, fille de *François-Gaston* et de *Amélie-Louise Patrice*.

Officier de cavalerie, promu en 1885 chef d'escadrons au 9ᵉ dragons. Chevalier de la légion d'honneur.

De ce mariage naquirent deux enfants.

1º *Antoine-Louis-Gaston*, né le 26 janvier 1874 à Libourne.

2º *Marie-Caroline-Marthe*, née le 30 octobre 1875 à Libourne.

─╫─ ─╫─ ─╫─ ─╫─ ─╫─ ─╫─ ─╫─ ─╫─ ─╫─ ─╫─ ─╫─ ─╫─ ─╫─

IX. — Branche VICTOR THÉRY-PROYART.

Victor-Pierre-Antoine, fils d'Antoine, né le 1ᵉʳ octobre 1842, épousa à Douai, le 19 août 1867, *Marie-Eugénie Proyart*, née le 19 septembre 1848, fille de *Joseph* et de *Joséphine Legentil*.

Avocat à Douai, juge suppléant au tribunal de cette ville.

De ce mariage naquirent à Douai cinq enfants :

1º *René-Antoine-Marie-Joseph*, né le 5 novembre 1869,

2º *Élisabeth-Marie-Joseph*, née le 16 novembre 1872,

3º *Marguerite-Marie-Joseph*, née le 9 avril 1875.

4° *Pierre-Marie-Joseph*, né le 3 mai 1878.
5° *Jean-Marie-Joseph*, né le 24 janvier 1880.

* * *

IX. — Branche CHARLES THÉRY-DELESALLE,

CHARLES-GABRIEL-GUSTAVE-JOSEPH, fils d'Antoine, né le 25 mars 1848, épousa le 24 avril 1877 *Jeanne-Adèle-Charlotte-Delesalle*, née le 12 février 1854, fille de *Alphonse* et de *Adèle Verley*.

Notaire à Tourcoing.

De ce mariage naquirent deux enfants :
1° *Jacques-Antoine-Marie-Joseph*, né le 3 juin 1878.
2° *Amélie-Caroline-Alphonsine-Marie*, née le 29 janvier 1881, morte le 9 avril 1882.

* * *

III. — Branche JEAN TERRY-DUCHEMIN.

JEAN (dit le Jeune), fils de Jean (voir page 20), né le 15 octobre 1649, mort le 19 septembre 1707, épousa *Gillette Duchemin*, morte le 3 janvier 1704.

De ce mariage naquirent trois enfants :
1° *Louis*.
2° *Pierre* (voir page 30), épousa *Charlotte Ledentu, Marie Guenne*.
3° *Un fils*, né le 27 avril 1690.

De ce qui précède on voit que la descendance de Jean se résume en une branche :
PIERRE TERRY-LEDENTU-GUENNE.

* * *

IV. — Branche PIERRE TERRY-LEDENTU, GUENNE.

PIERRE, fils de Jean (dit le Jeune), épousa en premières noces, le 21 janvier 1708, *Charlotte Ledentu*, née vers 1680, morte le 10 mai 1715, et en secondes noces, le 28 novembre 1715, *Marie Guenne*, née vers 1685, morte le 4 juillet 1720.

De ces deux mariages naquirent quatre enfants :
Du premier mariage :
1° *Jean*, né le 9 janvier 1709, mort le 10 janvier 1709.
2° *Gillette*, née le 16 octobre 1710, morte le 23 juin 1720.
3° *Jean*, né le 6 août 1713.
Du second mariage :
4° *François* (voir page 31), épousa *Anne Godefroy*.

De ce qui précède on voit que la descendance de Pierre se résume en une branche :
FRANÇOIS TERRY-GODEFROY.

V. — Branche FRANÇOIS TERRY-GODEFROY.

FRANÇOIS, fils de Pierre, né vers 1716, mort le 21 avril 1766, épousa le 8 novembre 1739 *Anne Godefroy*.

De ce mariage naquirent quatre enfants :

1° *Louis* (voir page 31), épousa *Rose Letourneur, Élisabeth de Hacbecq*.

2° *François*, né le 25 septembre 1744, mort le 29 mars 1752.

3° *Marie-Anne*, née le 20 septembre 1747.

4° *Jean-Baptiste* (voir page 31), épousa *Anne Marescq*.

De ce qui précède on voit que la descendance de François se résume en deux branches :

> Louis TERRY-LETOURNEUR, de HACBECQ.
> Jean-Baptiste TERRY-MARESCQ.

VI. — Branche LOUIS TERRY-LETOURNEUR, de HACBECQ.

LOUIS, fils de François, né le 12 décembre 1741, épousa en premières noces *Rose Letourneur*, morte le 18 nivôse an V, et en secondes noces, le 26 vendémiaire an VI, *Élisabeth de Hacbecq*, née vers 1748.

Du premier de ces mariages naquirent trois enfants :

1° *Louis-Charles*, né le 10 janvier 1783, mort le 22 janvier 1783.

2° *Jean-François*, né le 27 avril 1784, épousa le 22 juillet 1806 *Marie-Anne Boulang*, née le 1er septembre 1784.

3° *Louis-Charles*, né le 2 novembre 1785.

VI. — Branche JEAN-BAPTISTE TERRY-MARESCQ.

JEAN-BAPTISTE, fils de François, né le 11 novembre 1750, mort le 6 décembre 1817, épousa le 8 novembre 1774 *Anne Marescq*, morte le 11 mars 1783.

De ce mariage naquirent trois enfants :

1° *Jean* (voir page 32), épousa *Louise Vaslet*.

2° *Pierre* (voir page 32), épousa *Marie Laisney*.

3° *Louis-Charles*, né le 20 janvier 1781.

De ce qui précède on voit que la descendance de Jean-Baptiste se résume en deux branches :

> Jean TERRY-VASLET.
> Pierre TERRY-LAISNEY.

VII. — Branche JEAN TERRY-VASLET.

JEAN-FRANÇOIS, fils de Jean-Baptiste, né le 15 mai 1777, mort le 20 mai 1849, épousa le 19 messidor an XI *Louise Vaslet*, née le 5 janvier 1784.
De ce mariage naquirent quatre enfants :
1º *Jean-Baptiste*, né le 8 mars 1807.
2º *Pierre-Auguste*, né le 24 juin 1808, mort le 28 juin 1808.
3º *Victor-Alexandre*, né le 23 juin 1809, mort le 12 juillet 1836.
4º *Marie-Louise*, née le 10 juin 1814.

VII. — Branche PIERRE TERRY-LAISNEY.

PIERRE-ANDRÉ, fils de Jean-Baptiste, né le 22 octobre 1778, mort le 12 juin 1810, épousa le 10 septembre 1808 *Marie-Victoire Laisney*, née le 5 avril 1789.
De ce mariage naquirent deux enfants :
1º *Jean-Baptiste*, né le 14 janvier 1809, mort le 1er juin 1831.
2º *Suzanne-Françoise*, née le 25 octobre 1809, morte le 4 novembre 1809.

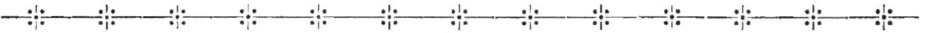

III. — Branche LOUIS TERRY-FESNIENT, ROMMY, LETOURNEUR, GODEFROY.

LOUIS, (voir page 21), fils de Jean, né vers 1650, mort le 1er mai 1747, épousa en premières noces *Samsonne Fesnient*, morte le 9 février 1693 ; en secondes noces, le 4 août 1693, *Simonne Rommy*, morte le 22 juillet 1694 ; en troisièmes noces, le 13 février 1695, *Françoise Letourneur*, morte le 27 novembre 1702 ; et en quatrièmes noces, le 31 janvier 1704, *Michelle Godefroy*, morte le 30 novembre 1715.
De ces quatre mariages Louis eut huit enfants.
Du premier :
1º *Geneviève*, morte le 4 janvier 1683.
Du second :
2º *Une fille*, née et morte le 20 juillet 1694.
Du troisième :
3º *Marie*, née le 18 février 1696, épousa le 22 février 1727 *Charles de Hacbecq*.
4º *Jean*, né le 18 février 1697, mort le 21 février 1697.
5º *Jean*, né le 8 décembre 1698, mort le 20 janvier 1699.
Du quatrième :
6º *Jeanne*, née le 6 janvier 1705, morte le 12 octobre 1765, épousa le 18 février 1734 *Pierre Capet*.
7º *François*, né le 26 octobre 1706.
8º *Michelle*, née le 15 février 1709.

GÉNÉALOGIE

DE LA FAMILLE

FALLIGAN.

NOTICE SUR LA FAMILLE FALLIGAN.

ETTE famille est originaire de l'Anjou, elle a pour auteur connu :
Alphonse-Étienne, qui, d'après les traditions consignées dans les archives de famille, serait devenu chef d'escadre et anobli(1), en récompense « de sa valeur, » par lettres patentes d'Henry IV, roi de France, du 4 novembre 1599. Copie authentique de ces lettres n'existe plus ; une simple copie, assez informe, s'est transmise de génération en génération, avec cachet aux armes, etc.

Ce fut un petit-fils de cet Alphonse, du prénom *Ives*, qui vint, vers 1680, s'établir à Tournai avec *Antoine* son neveu ; le premier portait le titre de seigneur de la Croix ; le second celui de seigneur du Parc.

Ives est l'auteur d'une branche qui resta à Tournai (2) ; Antoine, celui d'une branche qui vint se fixer à Lille.

Ives fit enregistrer ses armes par d'Hozier (3), et *Ghislain* son fils, après le passage de la Belgique sous la domination autrichienne, se fit confirmer dans les droits et privilèges de la noblesse par l'impératrice Marie-Thérèse, le 18 août 1742 (4).

Antoine eut deux fils, qui vinrent se fixer à Lille, où ils acquirent le titre de bourgeois : *Vincent-Antoine*, l'aîné, le 6 juillet 1731, et le second, *Philippe-François*, le 13 avril 1734. (Voir XIᵐᵉ registre aux bourgeois, fol. 158 et 192.)

La descendance masculine des Falligan s'éteignit à Lille en la personne d'*Antoine-Vincent* et de *Lambert-François*, petit-fils de Vincent-Antoine. Le nom cependant s'est perpétué en Belgique ; d'après l'annuaire de la noblesse de Belgique, année 1884, il existe encore des Falligan à Bruxelles.

---

(1) Armes (d'après les copies du titre de 1599) : « Un écu en champ d'azur où seraient mises trois étoiles d'or, savoir : une au-dessus d'une ancre d'argent, et les deux autres étoiles au-dessous en forme de triangle, et par-dessus le sommet, un heaume enrichi et décoré de flambeaux blanc d'argent et bleu dont au timbre de la partie du sommet une étoile volante aussi d'or. »

(D'après les lettres patentes du 18 août 1742.) Voir aux annexes.

(2) Des pierres tombales de plusieurs membres de cette branche se voient encore à Tournai, dans les églises Saint-Jacques et Saint-Piat.

(3) Voir aux annexes.

(4) Voir aux annexes.

FAMILLE FALLIGAN.

I.

Alphonse-Étienne, né au XVIe siècle.

Chef d'escadre.
Anobli par lettres patentes d'Henri IV, roi de France, du 4 novembre 1599, « à cause de sa valeur dans les armées navales.» Les dites lettres enregistrées au greffe du Puy-Notre-Dame (diocèse de Poitiers.)

Il eut un fils, *Antoine* (voir page 37), qui épousa *Ivonne Le Tellier*.

II. — Branche ANTOINE FALLIGAN-LE TELLIER.

De son mariage avec *Ivonne Le Tellier*, *Antoine* eut trois enfants :
1º *Antoine* (voir page 37), épousa *Anne Vanain*.
2º *Ives* (voir page 40), épousa *Marie Bourgau*.
3º *Charles*.

De ce qui précède on voit que la descendance d'Antoine se résume en deux branches :

Antoine FALLIGAN-VANAIN.
Ives FALLIGAN-BOURGAU.

III. — Branche ANTOINE FALLIGAN-VANAIN.

Antoine, seigneur du Parc, épousa *Anne Vanain*, née le 22 août 1648, fille de *Antoine*, seigneur de Champnoir, avocat, et de *Perrine Gibus*.

Conseiller à l'élection de Montreuil-Beliay.

De ce mariage naquit un fils :

Antoine (voir page 38), épousa *Catherine Patelez, Marie Mottez*.

De ce qui précède on voit que la descendance d'Antoine se résume en une branche :

Antoine FALLIGAN-PATELEZ MOTTEZ.

IV. — Branche ANTOINE FALLIGAN-PATELEZ, MOTTEZ.

ANTOINE, seigneur du Parc, né le 9 décembre 1669, mort le 12 décembre 1733 à Lille, épousa en premières noces *Catherine Patelez* et en secondes noces, à Lille, le 13 juin 1701, *Marie-Jeanne Mottez* (1), née le 15 mars 1680, morte à Lille, le 29 janvier 1732, fille de *Vincent* et de *Marie-Anne Vanderslote*.

> Antoine fut baptisé en l'église Saint-Pierre à Montreuil-Bellay. Il vint se fixer à Tournai vers 1680.

De ses deux mariages Antoine eut huit enfants nés à Tournai :

Du premier :

1° *Charles-François*, né le 29 décembre 1692.

Du second :

2° *Vincent-Antoine* (voir page 39), épousa *Jeanne Bonnier*.

3° *Marie-Anne-Thérèse*, née le 24 décembre 1705.

4° *Louis-Denis-Joseph*, né le 12 avril 1707, mort en Espagne, le 7 septembre 1739.

> Militaire.

5° *Lambert-François*, né le 18 juillet 1708, mort le 14 novembre 1777.

> Prêtre et chapelain de la collégiale de St-Piat, à Seclin, puis chanoine de St-Piat.

6° *Henriette-Joseph*, née le 29 août 1709, morte le 18 août 1773, épousa le 2 février 1735 *Jean-Baptiste Bonnier* (voir page 48).

7° *Philippe-François* (voir page 39), épousa *Pélagie Lesage*.

8° *Marie-Joseph*, née le 17 novembre 1713, morte le 5 mars 1782.

De ce qui précède on voit que la descendance d'Antoine se divise en deux branches :

VINCENT-ANTOINE FALLIGAN-BONNIER.

PHILIPPE FALLIGAN-LESAGE.

---

1. Vu la perte des registres paroissiaux de Montreuil-Bellay (Maine-et-Loire), ville qu'habitait la famille Falligan avant de venir se fixer en Flandre, il n'est pas sans intérêt de donner ici un acte qui établit la parenté entre la branche de la famille Falligan, qui s'est fixée à Tournai, et celle qui s'est fixée à Lille; l'une, représentée par Yves Falligan-Bourgau; l'autre, par Antoine Falligan-Mottez :

« *Antoine Falligan du Parcq épousa Marie-Jeanne Mottez, en présence de Vincent Mottez père, Lambert Mottez et Marie-Anne Bourgau, femme au sieur Falligan, oncle paternel au mariant.*» (Registre de la paroisse Saint-Maurice à Lille, 13 juin 1701.)

V.— Branche VINCENT-ANTOINE FALLIGAN-BONNIER.

VINCENT-ANTOINE, né le 6 juin 1704, mort le 17 juillet 1787, épousa, le 16 octobre 1729, *Marie-JeanneBonnier*, morte le 28 février 1742, fille de *Gilles* et de *Angélique-Rose Quièbe* (voir page 48).

> Vincent-Antoine naquit à Tournai et se maria à Lille. Il acheta la bourgeoisie de Lille le 9 juillet 1731.
> Il portait le nom de Falligan du Parcq.

De ce mariage naquirent sept enfants :

1° *Angélique-Thérèse*, née le 14 octobre 1730, morte le 20 avril 1781.

2° *Antoine-Vincent*, né le 3 septembre 1731, mort le 5 juillet 1748, à Rouen.

3° *Henriette-Françoise*, née le 24 octobre 1732, morte le 17 août 1734.

4° *Thérèse-Joseph*, née le 26 août 1733, morte le 25 juillet 1775.

5° *Jean-Baptiste-Joseph*, né le 17 juin 1736, mort le 14 octobre 1738.

6° *Marie-Joseph-Adrienne*, née le 1er mai 1737, morte le 9 janvier 1785, épousa, le 16 août 1761, *Pierre-Alexandre-François Le Clercq* (voir page 57).

7° *Pélagie-Joseph*, née le 2 mars 1741, morte le 29 juin 1822, épousa, le 1er octobre 1765, *François-Bonaventure Théry* (voir page 22).

—:!:— —:!:— —:!:— —:!:— —:!:— —:!:— —:!:— —:!:— —:!:— —:!:— —:!:—

V.— Branche PHILIPPE FALLIGAN-LESAGE.

PHILIPPE-FRANÇOIS, né le 7 novembre 1711, mort le 19 octobre 1754, épousa, le 4 mai 1734, *Pélagie-Angélique-Louise Lesage*, née le 25 août 1713, morte le 14 décembre 1782, fille de *Bernard-Arnould-Joseph* et de *Marie-Françoise Leniez* (voir page 50).

> Philippe - François naquit à Tournai, et se maria à Lille, paroisse St-Étienne. Il acheta la bourgeoisie de Lille le 13 avril 1734.
> Il fut maître particulier des Pauvres de la paroisse Saint-Etienne.
> Il portait le nom de Falligan du Parcq.
> Il fut ainsi que ses père et mère enterré à l'église Saint-Maurice, dans la chapelle Saint-Sébastien.

De ce mariage naquirent neuf enfants :

1° *Pélagie-Françoise*, née le 31 mars 1735.

> Religieuse chartreuse à Gonay.

2° *Philippe-Vincent*, né le 2 avril 1736.

3° *Philippe-Joseph*, né le 21 mars 1737, mort à St-Domingue, le 2 août 1764.

4° *Lambert-François* (voir page 40), épousa *Marie Cuvelier*.

5° *Angélique-Louise*, née le 28 avril 1740, morte le 15 mai 1780.

6° *Henriette-Françoise-Joseph*, née le 17 mai 1742, morte le 4 octobre 1777.

Religieuse annonciade à Lille.

7° *Amélie-Marguerite*, née le 21 mai 1743.

Religieuse annonciade à Lille.

8° *Catherine-Joseph*, née le 23 juin 1745.

Religieuse à l'abbaye de Prémy, à Cambrai.

9° *Louis-Arnould-François*, né le 13 août 1747, mort à Commercy, le 18 mai 1781.

Prêtre de l'ordre des Obrovatins du couvent d'Amiens, aumônier du régiment Royale Pologne cavalerie.

De ce qui précède on voit que la descendance de Philippe-François se résume en une branche :

LAMBERT FALLIGAN-CUVELIER.

VI. — Branche LAMBERT FALLIGAN-CUVELIER.

L AMBERT-FRANÇOIS, né le 14 novembre 1738, mort le 30 foréal an XIII, épousa, le 27 février 1770, *Marie-Françoise-Michelle Cuvelier*, née à Wières, en 1742, morte le 25 novembre 1824, fille de *Pierre-Joseph*, bailli d'Oresmieux, et de *Cécile Caillet*.

De ce mariage naquirent deux enfants :

1° *Pélagie-Sophie*, née le 23 décembre 1770, morte le 19 octobre 1845, épousa, le 9 février 1790, *Antoine-François-Joseph Théry* (Voir page 24).

2° *Mélanie-Augustine-Joseph*, née le 7 septembre 1772, morte le 3 mars 1835, épousa, le 20 juin 1810, *Joseph-Étienne Leclercq* (Voir généalogie Le Clercq).

III. — Branche IVES FALLIGAN-BOURGAU.

I VES, seigneur de la Croix de St-Antoine, etc., né le 18 juillet 1651, à Montreuil-Bellay, mort le 17 octobre 1724, épousa, le 8 février 1680, *Marie-Anne Bourgau*, née en 1663, morte le 3 août 1733.

Il fut conseiller du Roi de France, contrôleur général des recettes et finances de la ville de Tournai.

Il fit enregistrer ses armes par d'Hozier (Voir annexes).

De ce mariage naquirent vingt-deux enfants :

1º *Henri-Ives*, né le 21 octobre 1680, mort le 3 mars 1761.

2º *Ghislain* (voir page 42), épousa *Marie Josson, Marie Cousin.*

3º *Marie-Anne*, née le 12 mars 1683, morte le 20 novembre 1755, épousa, le 22 décembre 1710, *Jean-Benoît Cazier*, seigneur de Bauhez,greffier héréditaire de l'échevinage de Tournai,né le 22 février 1683,mort le 25 juin 1732.

4º *Marie-Marguerite*, née le 11 février 1684.

5º *Marie-Angélique*, née le 6 mai 1685, morte jeune.

6º *Marie-Françoise*, née le 15 avril 1686, morte le 13 mars 1693.

7º *Marie-Chrétienne*, née le 8 juin 1687.

8º *Marie-Adrienne-Joseph*, née le 7 mai 1688.

9º *Jean*, né le 28 février 1689.

10º *Antoine-Joseph*, né le 24 avril 1690, mort jeune.

11º *François-Bernard*, né le 1er mai 1691, mort jeune.

12º *Louis-Joseph*, né le 25 août 1692, mort jeune.

13º *Louis-Joseph*, né le 25 août 1693.

14º *Antoine-Joseph*, seigneur de Saint-Antoine, né le 28 juillet 1694, mort le 10 mars 1767.

15º *Louis-François*, né le 18 mars 1696, mort le 30 mars 1696.

16º *François-Bernard*, né le 8 mars 1697.

17º *Marie-Angélique*, née le 22 mai 1698, épousa, le 4 mars 1725, *Ignace-François-Joseph Recqbois.*

18º *Françoise-Caroline*, née le 26 août 1699, morte le 15 mai 1701.

19º *Ives-Auguste*, né le 8 septembre 1700, mort le 8 février 1701.

20º *Ives-Augustin*, né le 19 septembre 1701.

21º *Ivonne-Aldegonde*, née le 13 avril 1703.

22º *Ivonne-Joseph*, née le 7 mars 1704, morte à Mons, le 3 février 1779, épousa, le 7 mai 1737, *Pierre-Joseph-Albert Cocqueau*, seigneur de Westbroucq, des Mottes, etc., né à Tournai, le 24 septembre 1710, mort à Tournai, le 25 février 1778.

De ce qui précède, on voit que la descendance d'Yves se résume en une branche :

GHISLAIN FALLIGAN-JOSSON-COUSIN.

IV. — Branche GHISLAIN FALLIGAN-JOSSON, COUSIN.

G HISLAIN, seigneur de la Croix, né le 3 janvier 1682, mort le 23 mai 1753, épousa en premières noces, au mois de janvier 1709, *Marie-Joseph Josson*, née le 24 août 1674, morte le 22 février 1744, et en secondes noces, à Mons, au mois de décembre 1747, *Marie-Ursule Cousin.*

> Ghislain fut conseiller procureur fiscal au bailliage de Tournai et Tournaisis.
> Il obtint confirmation de noblesse par lettre patente de Marie-Thérèse du 18 août 1742 (Voir aux annexes.)

De ce mariage naquirent quatre enfants, savoir :

1º *Ives* (voir page 42), épousa *Marie Béghein.*

2º *Ghislain-Benoît*, né le 14 décembre 1711, mort avant 1748.

3º *Marie-Anne-Joachim-Joseph*, née le 6 décembre 1712.

4º *Hector-Gabriel-Joseph*, seigneur d'Aubuisson, né le 4 février 1716, mort sans enfant à Gand, le 13 novembre 1781, épousa à Gand, le 10 septembre 1746, *Jeanne-Agnès de Pestre*, née vers 1712, morte le 18 novembre 1795.

De ce qui précède, on voit que la descendance de Ghislain se résume en une branche :

IVES FALLIGAN-BÉGHEIN.

—⁜—⁜—⁜—⁜—⁜—⁜—⁜—⁜—⁜—⁜—⁜—⁜—

V. — Branche IVES FALLIGAN-BÉGHEIN.

I VES-JOSEPH, seigneur d'Hourdellies de la franche avouerie de Vergne, de le Bailly et de Grandmanoir, né le 9 novembre 1789, mort le 30 juin 1766, épousa à Lille, le 18 juin 1734, *Marie-Joseph Béghein*, née le 17 août 1713, morte le 18 janvier 1789.

> Ives fut conseiller, contrôleur général de comptes de la ville de Tournai.
> Il acheta la bourgeoisie de Lille, le 18 janvier 1734 (XIme registre aux bourgeois, fol. 96, recto.)

De ce mariage naquirent douze enfants :

1º *Marie-Joseph-Ivonne*, née le 1er mars 1735.

2º *Marie-Joseph-Bernardine*, née le 22 mars 1736, épousa, le 18 mai 1760, *Ghislain-Gaspard-Robert-Joseph Van Rode*, seigneur de Schellebrouck, né le 6 juillet 1730, mort le 29 septembre 1771.

3° *Henriette-Joseph*, née le 20 octobre 1738, morte le 9 décembre 1770, épousa, le 30 juin 1765, *Henri-Joseph Renson.*

Officier au régiment Royale Bavière.

4° *René-François-Bernard-Joseph*, né le 29 janvier 1740.

5° *Josèphe-Rosalie*, née le 6 août 1741, morte le 2 mars 1814, épousa, le 21 août 1761, *Alphonse-Jean-Joseph Ricqbois de Villers.*

Chevalier de St-Louis, major de la place de Béthune.

6° *Nicolas-Auguste-Marc-Joseph-Alphonse*, seigneur d'Aubuisson, né le 26 novembre 1742.

Enseigne aux gardes wallonnes au service d'Espagne le 11 avril 1764, il devint sous-lieutenant de grenadiers en 1775 et assista à la descente d'Alger ; lieutenant de grenadiers le 11 mai 1786, capitaine le 7 février 1788 avec le rang de colonel, il se retira le 3 février 1794 et commanda depuis la place de Barcelonne.
Il suivit le roi d'Espagne en France.

7° *Marie-Joseph*, dame de Le Bailly, née le 22 juin 1744, morte à Lille le 29 août 1831.

8° *Françoise-Amélie-Joseph*, dame de Grandmanoir, née le 4 janvier 1746.

9° *Achille* (voir page 43), épousa *Marie-Antoinette Lefebvre.*

10° *François-Joseph-Prudent*, seigneur des Aulnes et d'Hourdellies, né le 4 mai 1749, mort le 9 février 1792.

11° *Angélique-Joseph*, née le 17 mars 1751, morte le 4 janvier 1755.

12° *Albert* (voir page 46), épousa *Barbe Devos, Marie Cogniaux.*

De ce qui précède on voit que la descendance d'Ives se résume en deux branches :

ACHILLE FALLIGAN-LEFEBVRE.

ALBERT FALLIGAN-DEVOS, COGNIAUX.

VI. — Branche ACHILLE FALLIGAN-LEFEBVRE.

ACHILLE-EUGÈNE-JOSEPH, seigneur de Vergne, né le 27 mars 1748, mort à Cap-Français (Haïti) le 30 août 1786, épousa à Saint-Omer, le 7 juin 1774, *Marie-Antoinette-Caroline Lefebvre*, née à Saint-Omer en 1753, morte à Metz le 17 avril 1826.

Cadet au régiment du Lyonnais par brevet du 28 mars 1769, puis lieutenant de grenadiers

De ce mariage naquirent six enfants :

1º *Eugénie-Caroline-Joseph*, née à St-Omer, le 30 août 1775, morte à Lille, le 25 brumaire an XIII, épousa *Pierre-Marie Masson*, né à Nemours, vers 1780.

2º *Achille* (voir page 44), épousa *Marie Jacquemin*.

3º *Ives* (voir page 44), épousa *Marie Mercier, Flore Ruelle*.

4º *Marie-Françoise-Adelaïde*, née en 1780, morte le 6 novembre 1805.

5º *Pierre-Bernard-Marie*, né en 1784, mort le 21 décembre 1811.

6º *Libert* (voir page 46), épousa *Thérèse Scheffer*.

De ce qui précède on voit que la descendance d'Achille se résume en trois branches :

ACHILLE FALLIGAN-JACQUEMIN.
IVES FALLIGAN-MERCIER, RUELLE.
LIBERT FALLIGAN-SCHEFFER.

VII. — Branche ACHILLE FALLIGAN-JACQUEMIN.

ACHILLE-FRANÇOIS-MARIE, né à St-Omer le 21 mai 1777, marié le 30 avril 1800 à *Marie-Anne-Joseph-Jacquemin*, née le 28 mars 1781.

De ce mariage naquirent deux enfants :

1º *Françoise-Adelaïde*, née à Tournai, le 28 mars 1803, morte à Lille, le 29 janvier 1806.

2º *François-Achille-Marie*, né à Tournai, le 19 novembre 1807.

VII. — Branche IVES FALLIGAN-MERCIER, RUELLE.

IVES-ALEXANDRE-JOSEPH, né à St-Omer, le 11 juin 1779, mort à Bruxelles, le 15 janvier 1850, épousa en premières noces, à Tournai, le 2 novembre 1802, *Marie-Augustine-Joseph Mercier*, née le 29 juin 1782, et en secondes noces, à Anvers, le 5 juin 1816, *Flore Ruelle*, née à Frameries (Hainaut), le 8 février 1798.

Il portait le nom de Falligan de Vergne.

De ces deux mariages Ives eut treize enfants :

Du premier :

1º *Achille-Ives-Joseph*, né à Tournai, le 14 novembre 1803.

Chevalier de la Légion d'honneur.

2º *Céline*.

3º *Eugène-Jean-Baptiste-Robert*, né à Tournai le 6 juillet 1808, mort le 12 novembre 1809.

Du second :

4º *Marc* (voir page 45), épousa *Jeanne Winckeleer.*

5º *Charles-Louis-Désiré*, né à Metz le 18 septembre 1818,mort à Metz le 24 juillet 1825.

6º *Adolphe-Florentin*, né à Metz le 6 septembre 1820, mort à Lille le 10 janvier 1831.

7º *François* (voir page 45), épousa *Albertine Falligan.*

8º *Alphonse-Charles-Pierre*, né à Metz le 5 avril 1826, mort à Bruxelles le 7 novembre 1845.

9º *Alfred-Camille*, né à Lille le 6 mars 1829, mort le 3 juin 1830.

10º *Adolphine-Flore*, née à Lille le 21 juin 1831, décédée dans la même ville.

11º *Céline-Flore-Céleste*, née à Lille le 26 octobre 1834.

12º *Jules-Eugène-Adolphe*, né à Lille le 11 octobre 1837, mort le 7 mars 1838.

13º *Marie-Aline*, née à Lille le 10 février 1840.

De ce qui précède on voit que la descendance de Ives se résume en deux branches :

MARC FALLIGAN-WINCKELEER.

FRANÇOIS FALLIGAN-FALLIGAN.

VIII. — Branche MARC FALLIGAN-WINCKELEER.

MARC-ANTOINE-CAMILLE, né à Anvers, le 2 août 1816, mort à Bruxelles, le 7 septembre 1866, épousa à Bruxelles, le 15 février 1849, *Jeanne-Joseph Winckeleer*, née le 28 août 1827.

Chef de bureau à l'administration des chemins de fer de l'État.

De ce mariage naquirent deux enfants :

1º *Jules-Joseph-Florentin-Camille*, né à Bruxelles, le 24 novembre 1849.

2º *Charles-Jean-Alphonse-Ghislain*, né à Bruxelles, le 8 octobre 1853.

VIII. — Branche FRANÇOIS FALLIGAN-FALLIGAN.

FRANÇOIS-LÉON-VICTOR,né à Metz le 30 juillet 1822, épousa, à Paris, *Catherine-Geneviève-Albertine Fallignan*, née le 1er janvier 1824 (voir page 46).

De ce mariage naquirent trois enfants:

1º *Marie-Alexandrine-Eugénie*, née à Paris, le 18 février 1847.

2º *Flore*, née à Paris, le 25 mai 1852.

3º *Gustave-Alexandre-Libert*, né à Paris, le 14 juillet 1854.

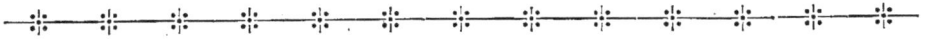

VII.—Branche LIBERT FALLIGAN-SCHEFFER.

LIBERT-ACHILLE-AUGUSTE-LOUIS (voir page 44), né à Dunkerque, le 24 novembre 1785, mort à Paris, le 13 novembre 1848, épousa *Thérèse Scheffer*, morte à Paris le 6 juin 1849.

De ce mariage naquirent deux enfants :

1º *Catherine-Geneviève-Albertine*, née à Paris le 1ᵉʳ janvier 1824, épousa *François-Léon-Victor Falligan* (voir page 45).

2º *Alphonse*,

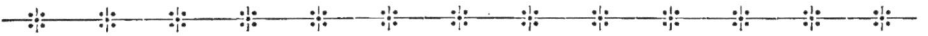

VI. — Branche ALBERT FALLIGAN-DEVOS, COGNIAUX.

ALBERT-IVES-JOSEPH (voir page 43), co-seigneur d'Hourdellies, né le 22 mai 1752, mort à Bruxelles le 8 février 1825, épousa en premières noces, à Bruxelles, le 4 juin 1792, *Barbe-Albertine-Joseph Devos*, née le 30 mai 1759, morte le 22 avril 1804 ; et en secondes noces, à Bruxelles, le 30 décembre 1806, *Marie-Françoise-Joseph Cogniaux*, née à Erpion (Nord) le 21 novembre 1743, morte à Bruxelles le 8 ootobre 1815.

> Lieutenant de grenadiers au régiment de Murray.

Du premier de ces mariages naquirent à Bruxelles deux enfants :

1º *Louis-Alphonse-Albert-Joseph*, né le 29 novembre 1796, mort jeune.

2º *Louis-Adolphe-Albert-Joseph*, né le 20 juillet 1799, mort jeune (1).

---

(1) La généalogie de la famille Falligan a été publiée en 1860, par Gouthals, et en 1884, par l'annuaire de la noblesse de Belgique, publié par le baron de Stein-d'Altenstein.

GÉNÉALOGIE DE

MARIE-JEANNE BONNIER,

épouse de VINCENT-ANTOINE FALLIGAN.

FAMILLE BONNIER

I.

LA famille Bonnier remonte au XVme siècle; elle a pour auteur *Gilles*, mort avant 1526.

Il eut pour fils *Jean*, qui suit :

II.

JEAN, né à Templeuve-en-Pevèle.

> Jean vint habiter, après son mariage, la Madeleine-lez-Lille, et acheta la bourgeoisie de Lille le 5 avril 1526. (IIIe registre aux bourgeois, fol. 71 R^o.)

Il eut pour fils *Antoine*, qui suit :

III.

ANTOINE, né à Lille.

> Releva sa bourgeoisie le 3 janvier 1591. (V^e registre aux bourgeois, fol. 10 R^o.)

Il eut pour fils *Andrieu*, qui suit:

IV.

ANDRIEU, épousa *Marguerite Visin* (voir page 49), fille de *Jean* et de *Jeanne Olivier*.

> Andrieu était sayeteur (tisserand) ; il releva sa bourgeoisie le 21 novembre 1614. (VIe registre aux bourgeois, fol. 12 R^o.)

Il eut pour fils *Pierre*, qui suit :

V.

PIERRE, épousa *Jeanne Thièdre* (voir page 49), morte en 1709, fille de *Baudouin* et de *Françoise Desmillescamps*.

Il releva sa bourgeoisie le 3 septembre 1678.
(VIIIe registre aux bourgeois, fol. 150 Vo.)

Il eut pour fils *Gilles*, qui suit :

VI.

GILLES, épousa *Angélique-Rose Quièbe*, fille d'*Alexandre* et d'*Élisabeth Legrand*.

Il releva sa bourgeoisie le 26 septembre 1699.
(IXe registre aux bourgeois, fol. 51 Vo.)

De ce mariage naquirent six enfants, dont deux ont épousé des Falligan :
1° *Marie-Jeanne*, épousa, en 1729, *Vincent-Antoine Falligan* (voir page 39.)
2° *Jean-Baptiste*, épousa, en 1735, *Henriette-Joseph Falligan* (voir page 38.)

FAMILLE THIÈDRE

I.

LA famille Thièdre remonte au XVme siècle ; elle a pour auteur *Hues*, mort avant 1504.

Il eut pour fils *Antoine*, qui suit :

II.

ANTOINE, né à Noyelles.

Il vint se fixer à Lille après son mariage, et acheta la bourgeoisie de Lille le 5 juin 1504.
(IIe registre aux bourgeois, fol. 6 Ro.)

Il eut pour fils *Antoine*, qui suit :

III.

ANTOINE, né à Lille.

Releva sa bourgeoisie le 12 mai 1545. (IIIe registre aux bourgeois, fol. 13 Ro.)

Il eut pour fils *Baudouin*, qui suit :

IV.

Baudouin, né à Lille, mort avant 1613, épousa *Jacqueline Simon*.

> Releva sa bourgeoisie le 16 octobre 1583.
> (V⁰ registre aux bourgeois, fol. 16 R⁰.)

Il eut pour fils *Baudouin*, qui suit :

V.

Baudouin, né à Lille, épousa *Françoise Desmillescamps*, fille de *Nicolas* et de *Barbe Breton*.

> De stil sayetteur. Il renouvela sa bourgeoisie
> le 1ᵉʳ juillet 1613.(VIᵉ registre aux bourgeois, fol.
> 18 V⁰.)

Baudouin eut pour fille *Jeanne*, qui épousa, vers 1678, *Pierre Bonnier* (voir page 48).

FAMILLE VISIN

I.

La famille Visin remonte au commencement du XVIᵐᵉ siècle ; elle a pour auteur *Jean*, mort avant 1558.
Il eut pour fils *Léon*, qui suit :

II.

Léon, natif de Lomme, mort avant 1589.

> Vint se fixer à Lille après son mariage, et acheta
> la bourgeoisie de Lille le 6 octobre 1558. (IVᵉ
> registre aux bourgeois, fol. 115 V⁰.)

Il eut pour fils *Jean*, qui suit :

III.

Jean, né à Lille, épousa *Jeanne Olivier*.

> Releva sa bourgeoisie le 22 février 1589.
> (V⁰ registre aux bourgeois, fol. 71 R⁰).

Il eut pour fille *Marguerite*, qui épousa, vers 1614, *Andrieu Bonnier* (voir page 47).

GÉNÉALOGIE DE PÉLAGIE-ANGÉLIQUE-LOUISE LESAGE,

épouse de PHILIPPE FRANÇOIS FALLIGAN.

FAMILLE LESAGE.

I.

Jean épousa *Jeanne Blancpain*.
Il eut pour fils *Jean-Baptiste*, qui suit :

II.

Jean-Baptiste, né à Saint-Amand, épousa *Marie-Françoise Rabout*.

> Jean-Baptiste acheta la bourgeoisie de Lille avant son mariage, le 4 novembre 1673. (VIIIᵉ registre aux bourgeois, fol. 84, Rᵒ.)

Il eut pour fils *Bernard-Arnould-Joseph*, qui suit :

III.

Bernard-Arnould-Joseph épousa, le 5 février 1708, *Marie-Françoise Leniez* (voir page 51).

> Marchand grossier.

Il eut pour fille *Pélagie-Angélique-Louise*, qui épousa, en 1734, *Philippe-François Falligan* (voir page 39.)

FAMILLE LENIEZ.

I.

Jean (1), natif de Lille eut pour fils *Louis*, qui suit :

---

(1) Les registres aux bourgeois contiennent à cette époque deux Jean Leniez qui relèvent leur bourgeoisie à sept ans de distance (1557 et 1564) ; c'est ce qui a empêché de remonter plus haut dans cette généalogie.

II.

LOUIS, épousa Marie *Doizy*.

Louis releva sa bourgeoisie le 17 septembre 1590. (V^e registre aux bourgeois, fol. 119 V°.)

Il eut pour fils *Wallerand*, qui suit :

III.

WALLERAND, épousa *Jeanne Vansteenberghen*, fille d'*Adrien*.

De stil filetier.
Wallerand releva sa bourgeoisie le 18 avril 1617. (VIe registre aux bourgeois, fol. 195 R°.)

Il eut pour fils *Baudouin*, qui suit.

IV.

BAUDOUIN, épousa *Marie-Thérèse Libert*, fille de *Jean* et de *Marie Desquiens*.

Baudouin releva sa bourgeoisie le 2 mai 1670. (VIIIe registre aux bourgeois, fol. 21.)

Il eut pour fille *Marie-Françoise*, née le 5 juin 1672. Marie-Françoise épousa, en 1708, *Bernard-Arnould-Joseph Lesage* (voir page 50).

GÉNÉALOGIE

DE LA FAMILLE

LE CLERCQ.

FAMILLE LE CLERCQ.

I

LA famille Le Clercq remonte au commencement du XVIe siècle. Elle a pour auteur *Antoine*, mort avant 1575.

Il eut pour fils *Antoine*, qui suit.

II.

ANTOINE, né à Lille, mort avant 1600.

> De stil (état) thonnelier. Il acheta la bourgeoisie de Lille, le 3 octobre 1575. (Vme registre aux bourgeois, fol. 4, v°). Son mariage est postérieur à cette époque.

Il eut pour fils, *François*, qui suit.

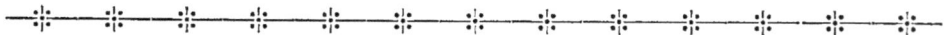

III.

FRANÇOIS, mort avant 1650, épousa, vers 1600, *Marie Braem.*

> De stil cuvellier. Il releva sa bourgeoisie le 15 septembre 1600. (VIIme registre aux bourgeois fol. 59, R°.)

Il eut pour fils, *Charles* qui suit.

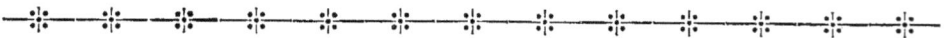

IV.

CHARLES (1), épousa en premières noces, le 21 octobre 1649, *Catherine Cleps* (ou *de Cleps)*, fille de *Philippe*, et, en secondes noces, *Brigitte de May*, fille de *Nicolas*. De ce second mariage naquirent deux enfants :

---

(1) La filiation de Charles n'ayant pu être établie par les actes de naissance, mariage et décès, il a semblé utile de reproduire ici un extrait d'une pièce qui la constate.

« Comparut en sa personne Charles le Clercq, *fils de feu Franchois*, marchand quettilleur (?) en cette ville de Lille, bail et mary de Brigitte de May, icelle fille et héritière avec aultres de Nicolas, etc. » *Bail du 15 janvier 1680. Tabellion, Actes du notaire Claude de Montreuil, année 1680, n° 2. Archives du département du Nord.*

1º *Hubert* (voir page 56), épousa *Marie Ghins.*

2º *Bruno* (voir page 56), épousa *Jeanne Barthier.*

De ce qui précède on voit que la descendance de Charles se résume en deux branches :

> HUBERT LE CLERCQ-GHINS.
> BRUNO LE CLERCQ-BARTHIER.

—:⫶:— —:⫶:— —:⫶:— —:⫶:— —:⫶:— —:⫶:— —:⫶:— —:⫶:— —:⫶:— —:⫶:— —:⫶:— —:⫶:— —:⫶:—

V.—Branche BRUNO LE CLERCQ-BARTHIER.

B RUNO-JOSEPH (voir page 56), né le 18 août 1682, épousa, en 1705, *Jeanne-Françoise Barthier.*

De ce mariage naquit vers 1716, une fille :

Marie-Anne-Joseph, qui épousa, le 2 juillet 1750, *Louis-Joseph Cardon,* né vers 1729.

—:⫶:— —:⫶:— —:⫶:— —:⫶:— —:⫶:— —:⫶:— —:⫶:— —:⫶:— —:⫶:— —:⫶:— —:⫶:—

V. — Branche HUBERT LE CLERCQ-GHINS.

H UBERT-FRANÇOIS (voir page 56), né le 13 février 1681, mort le 25 août 1752, épousa, le 25 juin 1714, *Marie-Anne Ghins,* née vers 1689, morte le 4 mai 1764.

De ce mariage naquirent onze enfants :

1º *Joseph-François,* né le 20 mars 1715, mort le 9 janvier 1729.

2º *Étienne-Alexis,* né le 29 mars 1716, mort le 25 mai 1782, épousa, le 6 février 1770, *Jeanne-Françoise-Mariage,* née vers 1708, morte le 15 avril 1778.

3º *Marie-Claire-Brigitte,* née le 2 septembre 1717.

4º *Marie-Thérèse-Joseph,* née le 17 novembre 1718, épousa, le 30 avril 1753, *Louis-Joseph Cardon,* né vers 1729, veuf de *Marie-Anne-Joseph Le Clercq,* fille de *Bruno-Joseph.*

5º *Charles-François,* né le 16 juin 1720.

6º *Pierre* (voir page 57), épousa *Marie Falligan.*

7º *Marie-Anne-Joseph,* née le 21 novembre 1724, morte le 5 avril 1786, épousa, le 17 novembre 1755, *Jean-Baptiste Dathis,* né vers 1730.

8º *Jacques-François,* né le 15 novembre 1726, épousa, en premières noces, le 15 août 1757, *Marie-Marguerite-Joseph Capron,* née le 12 décembre 1717, morte le 27 janvier 1793 ; et, en secondes noces, à Liège, le 13 avril 1797, *Marie-Rolande Destreya,* née le 7 mars 1765.

9º *Marie-Adrienne-Joseph,* née le 6 novembre 1728, morte le 25 décembre 1769, épousa, le 16 juin 1760, *Henri-Joseph Tillier,* né vers 1731.

10º *Hubert-François-Joseph,* né le 7 mars 1730.

Moine à l'abbaye de Saint-Amand.

11º *Joseph* (voir page 60), épousa *Louise de Keerle.*

De ce qui précède on voit que la descendance d'Hubert se résume en deux branches :

PIERRE LE CLERCQ-FALLIGAN.
JOSEPH LE CLERCQ-DE KEERLE.

╫──╫──╫──╫──╫──╫──╫──╫──╫──╫──╫──╫──

VI. — Branche PIERRE LE CLERCQ-FALLIGAN.

PIERRE-ALEXANDRE-FRANÇOIS, né le 2 février 1723, mort le 18 août 1807, épousa, le 16 août 1761, *Marie-Joseph-Adrienne Falligan* (voir page 39.)

Filetier à Lille.

De ce mariage naquirent neuf enfants :

1° *Marie-Anne-Joseph*, née le 17 août 1763, morte le 14 février 1841, épousa, le 18 février 1783, *Philippe-Aimé-Joseph Faucompré*.

2° *Angélique-Rose-Joseph*, née le 18 janvier 1765, morte le 27 octobre 1766.

3° *Pierre-Auguste* (voir page 57), épousa *Henriette-Mahieu Deschampagne*.

4° *Marie-Joseph-Pélagie*, née le 5 avril 1768.

5° *Lambert-Joseph-François*, né le 1er mars 1770, mort en 1773.

6° *Démétrie-Marie-Joseph*, née le 21 juin 1771, morte le 6 novembre 1842.

7° *Louise-Persévérente-Joseph*, née le 16 mai 1773, morte le 30 mai 1825, épousa, le 24 prairial an V, *Antoine-Nicolas-Joseph-Bruno Maillet*, né le 21 mars 1773, mort le 9 septembre 1849.

8° *Louis* (voir page 58), épousa *Marie-Sophie de Clippèle*.

9° *Jean-Baptiste* (voir page 59), épousa *Françoise Van Wesbus*.

De ce qui précède on voit que la descendance de Pierre-Alexandre se résume en trois branches :

PIERRE-AUGUSTE LE CLERCQ-MAHIEU DESCHAMPAGNE.
Louis LECLERCQ-DE CLIPPÈLE.
JEAN-BAPTISTE LE CLERCQ-VAN WESBUS.

╫──╫──╫──╫──╫──╫──╫──╫──╫──╫──╫──╫──

VII. — Branche PIERRE-AUGUSTE LE CLERCQ - MAHIEU DESCHAMPAGNE.

PIERRE-AUGUSTE-JOSEPH, né le 1er septembre 1766, mort le 11 juin 1846, épousa, le 7 octobre 1793, *Thérèse-Henriette-Joseph Mahieu Deschampagne*, née le 24 février 1776, morte le 8 mars 1844.

De ce mariage naquirent trois enfants :

1° *Henriette*, morte le 7 février 1851.

2° *Louise-Marie-Anne-Joseph*, née vers 1800, morte le 6 mars 1815.

3° *Carlos.*

Se fixa à Douai.

—✤——✤——✤——✤——✤——✤——✤——✤——✤——✤——✤——✤——✤—

VII. — Branche LOUIS LE CLERCQ de CLIPPÈLE.

LOUIS-VINCENT-JOSEPH (voir page 57),né le 9 novembre 1774, mort le 18 février 1865, épousa *Marie-Sophie-Joseph de Clippèle*,née à Tournai, le 31 août 1783, morte le 13 février 1869.

Louis se fixa à Tournai.

De ce mariage naquirent à Tournai cinq enfants :

1° *Sophie-Marie-Joseph*, née le 21 mars 1803, morte le 6 février 1862.

2° *Hortense-Marie-Désirée-Joseph*, née le 30 octobre 1804, morte le 23 août 1807.

3° *Alphonse-Désiré-Joseph*, né le 13 juin 1806, mort le 13 juillet 1821.

4° *Hortense-Marie-Anne-Joseph*, née le 18 avril 1808, morte le 5 janvier 1854.

5° *Idesbalde* (voir page 58), épousa *Zoé Lefebvre.*

De ce qui précède on voit que la descendance de Louis se résume en une branche :

IDESBALDE LE CLERCQ-LEFEBVRE.

—✤——✤——✤——✤——✤——✤——✤——✤——✤——✤——✤——✤——✤—

VIII. — Branche IDESBALDE LE CLERCQ-LEFEBVRE.

IDESBALDE-VICTOR-JOSEPH, né à Tournai, le 9 août 1813, épousa, le 12 septembre 1857, *Zoé-Henriette-Julienne-Marie Lefebvre*, née le 3 février 1830.

Avocat à Bruxelles

De ce mariage naquirent à Bruxelles sept enfants:

1° *Joseph-Marie-Louis-Alphonse*, né le 10 novembre 1858, mort le 2 avril 1861

2° *Alphonse* (voir page 59), épousa *Mathilde Fécher.*

3° *Marie* (voir page 59), épousa *Alexandre Legrand.*

4° *Louise-Sophie-Henriette-Marie-Joséphine*, née le 13 avril 1863.

5° *Hidulphine-Antoinette-Marie-Joseph-Alphonsine*, née en décembre 1864, morte le 22 juillet 1885.

6° *Gustave-Gaston-Louis-Jules-Joseph-Ghislain-Marie*, né le 13 mai 1866, mort le 21 janvier 1868.

7° *François-Joseph-Gustave-Ghislain-Hubert-Marie*, né le 15 octobre 1868.

De ce qui précède, on voit que la descendance d'Idesbalde se résume actuellement en deux branches.

ALPHONSE LE CLERCQ-PÉCHER.
ALEXANDRE LEGRAND-LE CLERCQ

‑‑‑

IX. — Branche ALPHONSE LE CLERCQ-PÉCHER.

A LPHONSE-JOSEPH-MARIE-LOUIS-GHISLAIN, né à Bruxelles, le 20 août 1860, épousa, le 23 mai 1883, *Mathilde-Marie-Joséphine Pécher*, née à Boussu-lez-Mons, le 18 juin 1861.

Avocat à Bruxelles.

De ce mariage naquirent trois enfants :

1° *Marie-Clémentine-Joseph-Ghislaine-Alphonse*, née à Bruxelles, le 10 avril 1884, morte le 28 février 1885.

2° *Joseph-Alfred-Hidulphe-Louis-Marie-Ghislain*, né à Boussu-lez-Mons, le 25 août 1885, mort le 20 septembre 1887.

3° *Henri-Charles-Marie-Joseph-Idesbalde-Ghislain*, né à Bruxelles le 9 mars 1887.

‑‑‑

IX. — Branche ALEXANDRE LEGRAND-LE CLERCQ.

M ARIE-SOPHIE-ANTOINETTE-LOUISE-HUBERTINE-JOSEPH, née à Bruxelles, le 25 février 1862, épousa, le 2 février 1884, *Émile-Alexandre Legrand*, né à Bruxelles, le 25 juin 1855.

De ce mariage naquirent deux enfants :

1° *Marie-Louise*, née à Bruxelles, le 29 janvier 1885.

2° *Léon*, né à Bruxelles, le 13 octobre 1886.

‑‑‑

VII. — Branche JEAN-BAPTISTE LE CLERCQ-VAN WESBUS.

J EAN-BAPTISTE-FRANÇOIS-JOSEPH, (voir p. 57), né le 1er novembre 1776, mort le 26 avril 1851, épousa, le 9 juin 1807, *Françoise-Aimée Van Wesbus* (voir page 71.)

De ce mariage naquirent deux enfants :

1° *Caroline-Aimée-Jeanne-Joseph*, née le 29 mars 1808, morte le 22 août 1884, épousa, le 4 juin 1832, *Antoine-Théodore-Joseph Théry*, (voir page 28.)

2° *Élise-Joséphine-Louise-Charlotte*, née le 23 avril 1815, morte le 7 janvier 1873

VI. — Branche JOSEPH LE CLERCQ-DE KEERLE.

Joseph-François (voir page 56), né le 9 mai 1734, mort le 24 mars 1789, épousa, le 27 août 1765, *Louise de Keerle*, née vers 1740, morte le 16 octobre 1825.

De ce mariage naquirent sept enfants :

1º *Joseph* (voir page 60), épousa *Mélanie Falligan*.

2º *Louis* (voir page 61), épousa *Catherine Jaubert*.

3º *Adélaïde-Amélie*, née le 16 avril 1768.

Jean-Baptiste-Joseph, né le 27 mai 1769, mort en 1833, épousa *N. Marquette*.

5º *Marie-Louise-Joseph*, née le 1er janvier 1771, morte le 11 juin 1771.

6º *Hubert* (voir page 61), épousa *N. Hischenet*.

7º *Charles-François-Joseph*, né le 15 janvier 1775.

De ce qui précède on voit que la descendance de Joseph se résume en trois branches :

JOSEPH LE CLERCQ-FALLIGAN.

LOUIS LE CLERCQ-JAUBERT.

HUBERT LE CLERCQ-HISCHENET.

VII. — Branche JOSEPH LE CLERCQ-FALLIGAN.

Joseph-Étienne, né le 14 juin 1766, mort le 13 novembre 1852, épousa, le 20 juin 1810, *Mélanie Falligan* (voir page 40.)

De ce mariage naquit un fils :

Adolphe (voir page 60), épousa *Léocadie Delille*.

De ce qui précède on voit que la descendance de Joseph se résume en une branche :

ADOLPHE LE CLERCQ-DELILLE.

VIII. — Branche ADOLPHE LE CLERCQ-DELILLE.

Adolphe, né le 19 juin 1811, mort le 31 mars 1886, à Paris, épousa, le 19 novembre 1851, *Léocadie Delille*.

De ce mariage naquit une fille :

Léocadie-Joséphine-Marie-Thérèse-Mélanie, née le 18 août 1852 épousa *N. Brossart*.

De ce mariage naquit un fils.

VII.—Branche LOUIS LE CLERCQ-JAUBERT.

Louis-Joseph (voir page 60), né le 11 mai 1767, mort le 6 mai 1834, épousa *Catherine-Rose Jaubert*, morte à Bruxelles.

De ce mariage naquit une fille, *Camille*, morte en 1841.

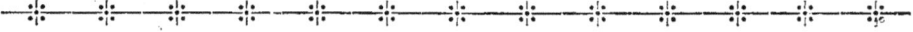

VII. — Branche HUBERT LE CLERCQ-HISCHENET.

Hubert-François-Joseph (voir page 60), né le 8 mai 1772, épousa *N. Hischenet*.

De ce mariage naquirent deux enfants :

1° *Joséphine*.

2° *Ferdinand*

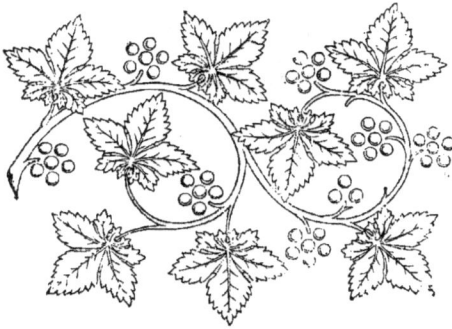

GÉNÉALOGIE DE

MARIE-ANNE GHINS,

épouse de HUBERT-FRANÇOIS LE CLERCQ.

FAMILLE GHINS.

I.

CETTE famille a pour auteur *Jacques*, qui épousa *Guillelme Jobert*.

De stil thonnelier.

Il eut pour fils *Hubert*, qui suit :

II.

HUBERT, né à Lille le 12 novembre 1622, épousa, le 9 février 1651, *Jeanne Penel*.

De stil thonnelier.

Il eut pour fils *Étienne*, qui suit :

III.

ETIENNE, né à Lille le 28 décembre 1651, mort le 17 mars 1719, épousa *Claire Vanlierdt*, morte le 4 juin 1715.

De stil thonnelier.
Il acheta la bourgeoisie de Lille le 16 octobre 1679. (VIII⁰ registre aux bourgeois, fol. 38 R⁰.)

Il eut pour fille *Marie-Anne*, qui épousa en 1714 *Hubert-François Le Clercq* (voir page 56.)

GÉNÉALOGIE

DE LA FAMILLE

VAN WESBUS.

NOTICE sur la FAMILLE VAN WESBUS.

ETTE famille a pour auteur, à Lille, *Philippe*, fils de *Gilles*, natif d'Eecke, près Cassel, qui se fit recevoir bourgeois de Lille le 2 mai 1590. (V^e registre aux bourgeois, fol. 155 R^o).

Son fils, *Gabriel*, fut nommé du Magistrat de Lille, et remplit cinq fois les fonctions échevinales. Pendant les dernières années de la domination espagnole, il fut munitionnaire ; on donnait ce nom aux membres du Magistrat qui avaient la charge spéciale de pourvoir à la conservation et à l'approvisionnement de l'artillerie municipale. Il occupait cette charge lorsqu'advint le siège de Lille par Louis XIV (1667), qui fit passer cette ville sous la domination française. Ses descendants conservent les minutes des comptes qu'il dressa à cette époque.

En 1644, il acheta la seigneurie de Bauvin (1), au territoire de Wavrin, seigneurie dont les armes sont : *De gueules à un calice d'argent*. Les Van Wesbus ont porté ces armes jusqu'au commencement du XIXe siècle, époque où s'éteignit leur descendance masculine.

Gabriel acheta plus tard, en 1661, la seigneurie des Anneaux (2), sise à Avelin.

Jacques, fils du précédent, fit aussi partie du Magistrat et fut trois fois échevin de la ville. Il eut pour fils :

Gabriel-Michel, qui occupa également une place dans le Magistrat de 1695 à 1726; il remplit en cette qualité de nombreuses fonctions. Pendant la disette de 1709, il avait charge de recevoir et de vendre les grains que le Magistrat faisait venir de Hollande ; en 1718, il fut député aux États de Lille.

Lors des ordonnances de Louis XIV prescrivant la vérification des titres de noblesse et armoiries, il fit enregistrer ses armes par d'Hozier (3).

Gabriel-Michel épousa Marie-Yolente du Retz, qui lui apporta le fief du Retz et le fief du Courouble, fief en l'air, c'est-à-dire consistant en rentes non attachées à la terre (4).

Pierre-Joseph-Michel, fils du précédent, épousa Marie Bury. Il s'est occupé de travaux généalogiques sur sa famille et les familles de Lille auxquelles elle se rattachait par ses alliances. Sa femme acquit, en 1773, la seigneurie des Bans, fief en l'air, tenu de la prévôté d'Esquermes. Ce fief, ainsi que celui du Courouble, disparut à la Révolution par suite de la suppression des droits seigneuriaux.

---

(1) La seigneurie de Bauvin était un fief tenu en justice vicomtière de la baronnie de Wavrin, à soixante sols parisis de relief.

(2) Les Anneaux, fief tenu en justice vicomtière à dix livres parisis de relief du marquisat de Roubaix. La justice vicomtière consistait entre autres choses en « correction et punition de larrons, et iceulx faire exécuter par la corde à une lourche à deux piliers, ou autrement punir selon raison. » — Briefs des Anneaux.

(3) Armorial de d'Hozier publié par Borel d'Hauterive pour la Flandre, le Hainaut et le Cambraisis, page 36, n° 88. Gabriel-Michel Van Wesbus du Magistrat de Lille :
De gueules à un calice d'argent.

(4) Le fief du Courouble, tenu de la seigneurie de Mouveaux, fut acquis par Simon du Retz en 1660.

Pierre eut pour fils *Pierre-Ignace-Joseph*, qui n'eut que deux filles, dont l'une épousa Jean-Baptiste Le Clercq et l'autre mourut en célibat. Ainsi s'est éteint le nom **Van Wesbus**.

La ferme des Anneaux, la terre de Bauvin et celle du Retz, sont devenus la propriété de la famille Théry par le mariage de Caroline Le Clercq avec Antoine Théry.

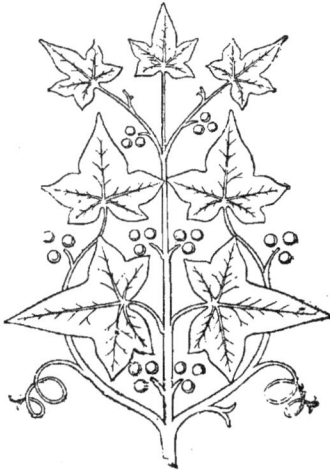

FAMILLE VAN WESBUS

I.

L A famille *Van Wesbus* a pour auteur *Gilles*. Il eut pour fils *Philippe*, qui suit.

II.

P HILIPPE, né à Eecke (1), près Cassel, mort avant 1618, épousa à Lille *Marguerite Damette*, morte avant 1618.

> Philippe fut brasseur.
> Il acheta la bourgeoisie de Lille le 2 mai 1590.
> (Vᶜ registre aux bourgeois, fol. 155, Rº.) (2)

De ce mariage naquirent deux enfants :

1º *Maximilien* (voir page 67), épousa *Marie Labbe*.
2º *Gabriel* (voir page 68), épousa *Anne Desruielles*, *Jeanne Carpentier*.

De ce qui précède on voit que la descendance de Philippe se résume en deux branches :

MAXIMILIEN VAN WESBUS-LABBE.
GABRIEL VAN WESBUS-DESRUIELLES, CARPENTIER.

III. — Branche MAXIMILIEN VAN WESBUS-LABBE.

M AXIMILIEN, épousa en 1613 *Marie Labbe*, dont il eut quatre enfants :

1º *Marie*, née le 12 novembre 1623.
2º *Pierre* (voir page 68), épousa *Marie Van Zupiène*.
3º *Isabelle*, née le 17 mars 1639.
4º *Jean-Baptiste*, né le 1ᵉʳ septembre 1640.

De ce qui précède on voit que la descendance de Maximilien se résume en une branche :

PIERRE VAN WESBUS-VAN ZUPIÈNE.

---

(1) Le registre aux bourgeois porte « *natif Diecq près Cassel.* »
(2) La bourgeoisie devait être relevée dans l'année du mariage, sinon on la perdait, sauf à la racheter ultérieurement. On n'a indiqué le relief que dans les cas où il sert à fixer la date du mariage.

IV. — Branche PIERRE VAN WESBUS-VAN ZUPIÈNE.

Pierre, épousa le 15 novembre 1670 *Marie Van Zupiène*, dont il eut trois enfants :

1º *Marie-Marguerite*, née le 21 juillet 1674.

2º *Pierre*, né le 10 janvier 1676.

3º *Marie-Claire*, née le 24 décembre 1677.

III. — Branche GABRIEL VAN WESBUS-DESRUIELLES, CARPENTIER

Gabriel, seigneur de Bauvin et des Anneaux (voir page 67), mort en 1674, épousa en premières noces, le 17 juillet 1619, *Anne Desruielles*, fille de *Jacques* et de *Catherine de Wilde*, et en secondes noces, le 22 juin 1625, *Jeanne Carpentier*, fille de *Antoine* et de *Marguerite Blancquart*.

Gabriel fut marchand jullier (joaillier). Il entra dans le Magistrat de Lille et remplit la fonction d'échevin durant les années 1655, 1656, 1659, 1662, 1665, 1668 et 1671.

Gabriel Van Wesbus et Jeanne Carpentier fondèrent à perpétuité deux obits par an, une messe tous les premiers vendredis de chaque mois et douze prébendes de 10 patars, chez les Dominicains. Il donnèrent à cet effet, aux Pères dominicains, la somme de 7480 livres parisis, par acte passé devant échevins en date du 26 mai 1660.

Gabriel Van Wesbus et Jeanne Carpentier furent enterrés dans la grande nef de l'église des Dominicains.

De ces deux mariages Gabriel eut sept enfants:

Du premier :

1º *Catherine*, née le 4 mars 1620, épousa le 24 juillet 1637 *Gabriel Desain*.

2º *Jacques* (voir page 69), épousa *Élisabeth Pillot*.

3º *Marie-Anne*, née le 16 août 1623, morte le 8 octobre 1640.

Entra le 20 mai 1640 au cloître St-Georges en la ville de Gand.

4º *Maximilien* (voir page 71), épousa *Madeleine Mercier*.

5º *Jean*, né le 20 octobre 1626, mort le 19 janvier 1633.

6º *Jeanne*, née le 1er septembre 1627, morte le 18 septembre 1627.

7º *Gabriel*, né le 18 novembre 1629, mort le même jour.

De ce qui précède on voit que la descendance de Gabriel se résume en deux branches :

JACQUES VAN WESBUS-PILLOT.

MAXIMILIEN VAN WESBUS-MERCIER.

IV. — Branche JACQUES VAN WESBUS-PILLOT.

JACQUES, seigneur de Bauvin et des Anneaux, né le 20 septembre 1621, mort le 20 juin 1691, épousa le 19 octobre 1647 *Élisabeth Pillot* (voir page 73), morte le 5 juin 1695, fille de *Michel* et de *Françoise Delespierre.*

> Jacques fut négociant. Il entra dans le Magistrat de Lille, et remplit les fonctions échevinales durant les années 1678, 1682 et 1685.

De son mariage Jacques eut dix-huit enfants :

1º *Gabriel*, né le 22 février 1651, mort le 5 mars 1651.

2º *Michel*, né le 12 janvier 1652, mort le 31 juillet 1652.

3º *Gabriel*, né le 23 juillet 1653, mort le 27 novembre 1654.

4º *Michel*, né le 4 août 1654, mort le 5 août 1654.

5º *Marie-Catherine*, née le 21 septembre 1655, morte le 11 octobre 1655.

6º *Une fille*, née et morte le 3 décembre 1656.

7º *Gabriel*, né le 6 juillet 1658, mort le 13 avril 1660.

8º *Marie-Françoise*, née le 29 août 1659, morte le 11 avril 1733.

> Entra dans la congrégation des filles de Notre-Dame à Mons, le 23 mai 1682.

9º *Gabriel*, né le 9 août 1660, mort le 24 août 1660.

10º *Jacques-Joseph*, né le 31 août 1661, mort le 27 juillet 1704.

> Prêtre.

11º *Marie-Angélique*, née le 3 septembre 1662, morte le 6 octobre 1707, épousa, le 29 octobre 1689, *Ignace-Joseph Verghelles*, seigneur de Durmont. Ils eurent plusieurs descendants.

> Ignace-Joseph fit partie du Magistrat de Lille. Il remplit les fonctions échevinales durant les années 1691, 1696, 1697, 1701, 1706, 1707, 1710, 1713, 1714, 1717, 1720, 1721, 1722, 1726, 1727, 1730, 7131 et 1738.

12º *Jean-François*, né le 11 décembre 1663, mort le 29 mai 1665.

13º *Marie-Joseph*, née le 23 décembre 1664, morte le 5 mars 1666.

14º *Marie-Jeanne*, née le 27 décembre 1665, morte en 1666.

15º *Une fille*, née et morte le même jour en 1666.

16º *Marie-Thérèse*, née le 22 janvier 1667, morte le 23 septembre 1747.

17º *Gabriel-Michel* (voir page 70), épousa *Marie-Yolente du Retz.*

18º *Joseph-François*, né le 20 septembre 1670, mort le 14 décembre 1700.

De ce qui précède on voit que la descendance de Jacques se résume en une branche :

GABRIEL-MICHEL VAN WESBUS-DU RETZ.

—:|:— —:|:— —:|:— —:|:— —:|:— —:|:— —:|:— —:|:— —:|:— —:|:— —:|:— —:|:—

V. — Branche GABRIEL-MICHEL VAN WESBUS-DU RETZ.

GABRIEL-MICHEL, seigneur de Bauvin, des Anneaux, du Retz et du Courouble, né le 2 février 1668, mort le 9 janvier 1726, épousa le 2 mars 1693 *Marie-Yolente du Retz*, morte le 18 novembre 1737, fille de *Simon* et d'*Yolente d'Halluin* (voir page 75).

Gabriel-Michel entra dans le Magistrat de Lille ; il fut chargé en 1717 de l'administration des biens de la fondation des horistes de la paroisse St-Étienne, nommé en 1718 député aux États de Lille.

Voici les différentes charges municipales qu'il eut à remplir : 1695 prud'homme, 1696-1697 nommé du conseil, 1698 prud'homme, 1699 échevin et commissaire aux caves de la ville, 1700 prud'homme, 1701 nommé du conseil, 1702 prud'homme, 1703-1704 échevin et maître des caves, 1705 prud'homme, 1706-1707, nommé du conseil, 1708 échevin et maître des caves, 1709 nommé du conseil, 1710 prud'homme, 1711 échevin et commissaire aux logements, 1712 nommé du conseil et voirjuré, 1713 nommé du conseil, 1714 voirjuré, 1715 échevin, 1716 prud'homme, 1717 nommé du conseil et voirjuré, 1718 échevin et cotterau, 1719 prud'homme, 1720, 1721, 1722, nommé du conseil et voirjuré, 1723 prud'homme, 1724-1725 échevin.

De ce mariage naquirent cinq enfants :

1º *Gabriel-Joseph*, né le 20 décembre 1693, mort le 14 août 1707.

2º *Marie-Élisabeth*, née le 18 février 1695, morte le 22 février 1695.

3º *Marie-Françoise-Yolente*, née le 26 janvier 1696, morte le 22 juin 1723, épousa, le 24 juillet 1722, *Louis-Dominique Mariage*, avocat, mort le 12 mai 1734.

4º *Marie.Angélique-Thérèse*, née le 26 janvier 1703, morte le 24 juillet 1763.

5º *Pierre* (voir page 71), épousa *Marie-Joseph Bury.*

De ce qui précède on voit que la descendance de Gabriel-Michel se résume en une branche :

PIERRE VAN WESBUS-BURY.

VI. — Branche PIERRE VAN WESBUS-BURY,

Pierre-Joseph-Michel, seigneur de Bauvin, des Anneaux, du Retz et du Courouble, né le 9 août 1707, mort le 13 septembre 1752, épousa, le 18 janvier 1745, *Marie-Joseph Bury*, dame des Bancs, née le 10 novembre 1714, morte le 9 octobre 1804, fille de *Joseph* et de *Marie-Anne Dutron*, native de Caudeville en Hainaut.

De ce mariage naquirent cinq enfants :

1º *Liévin-Joseph*, né le 10 novembre 1744, mort le 21 mai 1752.

2º *Catherine-Angélique-Joseph*, née le 25 novembre 1745, morte le 29 sept. 1747.

3º *Pierre-Joseph-Marie*, né le 14 novembre 1747, mort le 8 décembre 1747.

4º *Alexandrine-Louise-Joseph*, née le 13 janvier 1749, morte le 7 avril 1835.

5º *Pierre* (voir page 71), épousa *Marie-Charlotte Lebègue*.

De ce qui précède on voit que la descendance de Pierre se résume en une branche : Pierre VAN WESBUS-LEBÈGUE.

VII. — Branche PIERRE VAN WESBUS-LEBÈGUE.

Pierre-Ignace-Joseph, seigneur de Bauvin, des Anneaux, du Retz et du Courouble, né le 15 décembre 1750, mort le 15 décembre 1805, épousa, le 1er juin 1778, *Marie-Charlotte Lebègue*, née le 24 mars 1760, morte le 15 décembre 1831, fille de *François* et de *Marie-Anne David*.

De ce mariage naquirent deux enfants :

1º *Marie-Joseph-Charlotte*, née le 9 août 1779, morte le 18 décembre 1831.

2º *Françoise-Aimée-Marie-Joseph*, née le 29 mai 1786, morte le 26 décembre 1826, épousa, le 9 juin 1807, *Jean-Baptiste-François-Joseph Le Clercq* (voir page 59.)

IV. — Branche MAXIMILIEN VAN WESBUS-MERCIER.

Maximilien (voir page 68), né le 11 novembre 1624, épousa, le 2 octobre 1644, *Madeleine Mercier*, dont il eut un fils, *Jacques*, qui suit :

V. — Branche JACQUES VAN WESBUS-GOURDIN.

Jacques, né le 24 octobre 1645, épousa, le 14 juin 1668, *Antoinette Gourdin*.

De ce mariage naquirent deux enfants :

1º *Marie-Antoinette*, née le 23 août 1669.

2º *Maximilien-Joseph*, qui épousa, vers 1715, *Jeanne-Marguerite Lesieur*.

GÉNÉALOGIE DE

ÉLISABETH PILLOT,

épouse de JACQUES VAN WESBUS.

FAMILLE PILLOT.

I.

L A famille Pillo (ou Pillot) remonte au XVme siècle ; elle a pour auteur *Aubert*, mort avant 1515.

Il eut pour fils *Jennin*, qui suit.

II.

J ENNIN, natif de Lille, mort avant 1549.

Il acheta la bourgeoisie de Lille le 2 mai 1515. (IIIe registre aux bourgeois, fol. 60, V^o.)

Il eut pour fils *Jean*, qui suit.

III.

J EAN, né à Lille.

Releva sa bourgeoisie le 4 octobre 1549, (IVe registre aux bourgeois, fol. 64, V^o)

Il eut pour fils *Michel*, qui suit.

IV.

M ICHEL, né à Esquermes, mort avant 1605, épousa *Marie Adam*.

Releva sa bourgeoisie le 3 avril 1573. (V^o registre aux bourgeois, fol. 124, V^o.)

Il eut pour fils *Michel*, qui suit.

V.

Michel, né à Lille le 10 décembre 1588, épousa, le 20 janvier 1617, *Françoise Delespierre* (voir page 73).

> De stil marchand drapier. Il releva sa bourgeoisie le 17 décembre 1617. (VI⁰ registre aux bourgeois, fol. 132, R⁰.)

Il eut pour fille *Élisabeth*, qui épousa, en 1647, *Jacques Van Wesbus* (voir page 69).

FAMILLE DELESPIERRE

I.

La famille Delespierre remonte au XVme siècle; elle a pour auteur *Cornille.* Il eut pour fils *Adrien-Cornille*, qui suit.

II.

Adrien-Cornille, épousa *Jacqueline d'Ancoisne* dit *Lecocq.*

> Il acheta la bourgeoisie de Lille le 8 août 1549. (IV⁰ registre aux bourgeois, fol. 2, V⁰.)

Il eut pour fils *Baudouin*, qui suit.

III.

Baudouin, mort en 1630, épousa *Philippotte Lemesre.*

> Il releva sa bourgeoisie le 5 octobre 1584. (V₀ registre aux bourgeois, fol. 16, V⁰.)

Il eut pour fille *Françoise*, qui épousa, en 1617, *Michel Pillot* (voir page 73.)

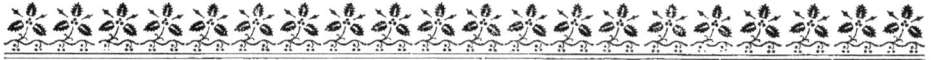

GÉNÉALOGIE DE

MARIE-YOLENTE DU RETZ,

épouse de GABRIEL-MICHEL VAN WESBUS.

FAMILLE DU RETZ.

I

L A famille du Retz remonte au XVme siècle; elle a pour auteur *Jean*. Il eut pour fils *Michel*, qui suit.

II.

M ICHEL, natif d'Armentières.

> Il vint s'établir à Lille avant son mariage, et acheta la bourgeoisie de Lille le 4 avril 1543. (III_e registre aux bourgeois, fol. 129, V°.)

Il eut pour fils *Jean*, qui suit.

III.

J EAN, né à Lille.

> Renouvela sa bourgeoisie le 30 mars 1570 (V^e registre aux bourgeois, fol. 62 V°.)

Il eut pour fils *Jean*, qui suit.

IV.

J EAN, né à Lille, mort vers 1652, épousa en premières noces *Jeanne Villot*, et en secondes noces, le 22 novembre 1616, *Ysabeau Boutry* dit *Laillier* (voir page 75), morte vers 1661.

> Il releva sa bourgeoisie le 17 février 1592. (V^e registre aux bourgeois, fol. 77, R°.)

De son second mariage naquit un fils nommé *Simon Judes*, qui suit :

V.

SIMON-JULES, seigneur du Retz(1) et du Courouble, né à Lille, morte en 1690, épousa en 1640 *Yolente d'Halluin* (2), née vers 1622, morte le 20 mai 1705, fille de *Jean* et de *Yolente Duhamel.*

> Il fut gardorphène pendant les années 1665, 1666 et 1667.

Il eut pour fille *Marie-Yolente*, qui épousa, en 1693, *Gabrielle-Michel Van Wesbus* (voir page 70).

❖ — ❖ — ❖ — ❖ — ❖ — ❖ — ❖ — ❖ — ❖ — ❖ — ❖ — ❖ — ❖

FAMILLE BOUTRY dit LAILLIER.

I

LA famille Boutry dit Laillier remonte au XVme siècle; elle a pour auteur *Jean*, mort avant 1529.

Il eut pour fils *Alexandre*, qui suit.

II.

ALEXANDRE, mort avant 1568.

> Acheta la bourgeoisie de Lille le 7 janvier 1529. (IIIe registre aux bourgeois, fol. 6, R°.)

Il eut pour fils *Adrien*, qui suit.

III.

ADRIEN, mort avant 1616, épousa, le 11 mai 1568, à Ste-Catherine, *Ysabeau Willaut.*

> Adrien était conseiller du roi et procureur de la gouvernance de Lille.
> Il releva sa bourgeoisie le 28 février 1569. (V^e registre aux bourgeois, fol. 2, R°.)

Il eut pour fille *Ysabeau*, qui épousa, en 1616, *Jean du Retz* (voir page 74).

---

(1) « A tous ceux etc. . . . . . . bailly de Lille, salut. Comme Simon du Retz, receveur, demeurant en cette ville de Lille, eut le 16 octobre 1652 remontré à ce siège que, le 14 octobre 1652, noble et illustre seigneur messire Henry de Heynin, seigneur de Lesquin, la Motte, etc., comparant par devant François Lefrancq et Jacques Legrand, notaires. . . aurait déclaré que. . . . .' voulant gratifier le dit du Retz en contemplation de plusieurs grands services qu'il lui a rendus en ses plus grandes affaires et urgentes nécessités. . . . . il a pour l'accroissement et augmentation d'hommes de fief de sa dite seigneurie de Lesquin, et afin qu'icelle soit et puisse tant mieux être desservie, *érigé un bonnier de terre en fief au profit du dit du Retz.* . . . . à tenir le dit fief, *qui s'appellera le fief du Retz,* de la dite seigneurie de Lesquin à soixante gros de relief à la mort de l'héritier, et du dixième denier à la vente, don ou transfert. . . . . ce que le dit du Retz pour ce comparant aurait accepté et suivant ce prété ès mains du dit seigneur comparant le serment de fidélité, etc. »

Le fief du Retz devint la propriété de la famille Van Wesbus, par le mariage de Marie-Yolente du Retz avec Gabriel Michel Van Wesbus.

(2) Les armes des familles du Retz et d'Halluin ont été enregistrées par d'Hozier. (Armorial de Flandre, du Hainaut et du Cambrésis.)

Du Retz : *D'azur à une face d'argent, accompagnée de trois roues de même,* (pages 35, 48, 112, 113 et 227.)

D'Halluin : *D'argent à trois étoiles à six rais de gueules posées deux et une* (page 220).

❖ — ❖ — ❖ — ❖ — ❖ — ❖ — ❖ — ❖ — ❖ — ❖ — ❖ — ❖ — ❖

ANNEXES.

I.

Discours prononcé par M. Théry-Falligan, président de l'administration municipale de la commune de Lille, à la fête du 9 Thermidor, célébrée le dit jour an VII.

CITOYENS,

LE peuple Français voulait la liberté ; c'est pour la liberté qu'il faisait tous les sacrifices, qu'il consacrait ses veilles et sa fortune, qu'il prodiguait son sang pour éloigner l'ennemi de ses frontières.

Mais le peuple ne pouvait diriger par lui-même les rênes du gouvernement, parce qu'il est trop nombreux et trop éloigné du centre des opérations majeures. Il ne pouvait agir que par ses représentants.

Ses représentants de leur côté, chargés de régénérer une immense multitude d'objets, ne pouvaient, dans des circonstances très difficiles et pendant une guerre terrible, s'occuper de la direction générale des affaires. Une coalition redoutable attaquait la France au dehors ; l'intérieur éprouvait des troubles et des attaques sourdes et dangereuses.

On confia donc le salut public et la sûreté générale à des hommes qui paraissaient extrêmement zélés pour le salut et la sûreté du peuple.

Parmi ces hommes, les uns, irrités par les obstacles, les autres, aveuglés par des craintes exagérées, d'autres enfin, plus adroits, plus hypocrites, plus ambitieux, provoquèrent et établirent ce gouvernement révolutionnaire qui, semblable à un horrible ouragan, se répandit sur toute la France et la dévasta.

Tout état violent ne peut durer. On avait cru d'abord exercer une légitime vengeance contre les oppresseurs de la liberté, mais la terreur devint générale et les têtes républicaines tombaient avec celles des ennemis de la République. On s'aperçut des desseins des conspirateurs ; on ouvrit les yeux ; on vit qu'une affreuse proscription moissonnait tous les jours des hommes précieux, chers à la patrie par les services qu'ils avaient rendus.

Il était temps d'arrêter ce torrent dévastateur. Le 9 Thermidor arriva, et le pouvoir décemviral tomba pour faire place à la puissance souveraine des lois et au cours réglé de la justice.

Citoyens, c'est ce 9 Thermidor que nous célébrons en ce jour.

Cette heureuse révolution aurait dû ramener dans toute la République le calme et la sérénité si nécessaire après une si violente tempête ; mais les fureurs de la réaction désolèrent les belles contrées du midi de la France.

Ah ! que n'avons-nous pu leur communiquer ce flegme et ce sang-froid qui ont fait notre tranquillité ! Nous devons peut-être à l'influence de notre climat cette sagesse qui nous fait éviter les écueils. Nous ne connaissons qu'une seule route en politique : celle qui mène plus directement au bien, l'obéissance aux lois : voilà notre seul mobile.

Puissent tous les Français nous imiter !

Discours prononcé par M. Théry-Falligan, président de l'administration municipale de la ville de Lille, à la fête de la liberté, célébrée le 10 Thermidor, an VII.

CITOYENS,

N OUS avons célébré hier la chute de la tyrannie décemvirale;nous célébrons aujourd'hui la fête de la liberté.

La liberté est le plus précieux des biens ; c'est le plus nécessaire au bonheur des peuples.

Mais qu'est-ce que la liberté ? En quoi consiste-t-elle ? Il est important d'avoir à ce sujet des notions précises.

La liberté n'est point la licence. La licence se croit tout permis ; elle est dans la multitude ce que la tyrannie et le despotisme sont entre les mains de quelques hommes ou d'un seul homme.

La liberté ne se permet que ce qui est bon, juste et légitime ; elle ne fait point à autrui ce qu'elle ne veut pas qu'on lui fasse; elle est égale pour tous parce que tous les hommes sont égaux. Comment les hommes sont-ils égaux ? Ils ne le sont sans doute pas en vertus, en talents, en forces, en richesses, non ; mais ils le sont en droits ; c'est-à-dire que le plus fort n'a pas le droit d'opprimer le plus faible ; tous ceux qui sont coupables doivent être également punis quels que soient leur rang et leur fortune. Tous les citoyens ont également droit aux dignités, dès qu'ils ont les talents et les vertus nécessaires.

C'est cette égalité des droits qui fait la sûreté générale et individuelle, et qui maintient les propriétés. Elle est le premier résultat et le premier bienfait de la liberté.

C'est pour n'avoir pas eu des idées justes sur la liberté que des peuples anciens et modernes ont été les dupes de quelques ambitieux qui faisaient servir le mot *liberté* au profit de leur ambition.

La liberté est le pouvoir donné aux hommes par la nature de se procurer le bien-être.

Mais ce pouvoir est nécessairement limité par la nature même de l'homme.

Quand l'homme est seul, il est limité par la raison et par l'intérêt de sa conservation.

Quand l'homme est en société, il est limité par la loi naturelle qui défend de nuire aux autres, et par les lois positives qui règlent les droits et les devoirs des membres de la société.

Ainsi, dans quelque état que l'homme se trouve, la liberté est nécessaire à son bonheur, mais il ne lui est pas permis d'en abuser. S'il est seul, la nature le punit de ses excès. S'il est en société, il est puni par la société quand il nuit à ses associés.

La société n'est établie que pour fournir à ses membres les moyens de pourvoir librement à leur bien-être. D'où il s'ensuit que le gouvernement qui n'est établi que pour remplir les intentions de la société qu'il représente, doit assurer cette liberté par des lois capables de réprimer tous ceux qui voudraient l'envahir.

Un pays vraiment libre est celui où tous les citoyens, ne vivant que sous la protection tutélaire des lois, ont la faculté de travailler librement à leur bien particulier, sans pouvoir nuire au bien général.

Tout ceci est fondé sur la raison et sur l'équité, dont les règles sont immuables. Aussi la liberté reconnaît-elle pour ses bases fondamentales les vertus, et pour ses ennemis les vices,surtout l'orgueil, la cupidité et la dissolution.

Citoyens, voilà les principes d'après lesquels la nation française se régénère. La fête de la liberté m'a paru propre à vous les rappeler : ils ne peuvent que servir à l'affermissement de la République et à la tranquillité de notre commune,qu'il est du devoir de vos Magistrats de maintenir par tous les moyens qui sont en leur pouvoir. Ils en feront usage contre tous ceux indistinctement qui chercheraient à la troubler. Loin de nous, citoyens, toutes ces désignations de jacobin d'anarchiste,de royaliste ; et que notre seul cri soit toujours celui de: Vive à jamais la Constitution de l'an III (1).

‒‖‒ ‖ ‒ ‖ ‒ ‖ ‒ ‖ ‒ ‖ ‒ ‖ ‒ ‖ ‒ ‖ ‒ ‖ ‒ ‖ ‒ ‖ ‒ ‖ ‒

II.

Nomination de M. François-Bonaventure Théry-Falligan à la Légion d'honneur.

MINISTÈRE DE L'INTÉRIEUR.

Paris, le 18 septembre 1815.

J'AI, Monsieur, l'honneur de vous annoncer que le Roi vous a accordé la décoration de la Légion d'honneur comme une récompense de vos bons et loyaux services.

En attendant que votre brevet vous soit accordé, vous êtes autorisé à prendre la décoration.

Je me félicite, Monsieur, d'avoir à vous annoncer cette preuve de la munificence de Sa Majesté.

J'ai l'honneur d'être, avec une parfaite considération,

Monsieur,

Votre affectionné serviteur,

POUR LE MINISTRE,

Le conseiller d'État, secrétaire général du Ministère,

Signé : Illisible.

M. Théry-Falligan, conseiller de Préfecture à Lille (2).

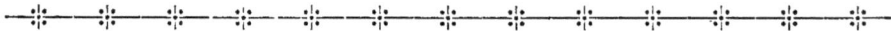

‒‖‒ ‖ ‒ ‖ ‒ ‖ ‒ ‖ ‒ ‖ ‒ ‖ ‒ ‖ ‒ ‖ ‒ ‖ ‒ ‖ ‒ ‖ ‒ ‖ ‒

III.

Titre de Louis Théry, officier d'état-major.

NAPOLÉON, par la grâce de DIEU Empereur des Français, Roi d'Italie, Protecteur de la Confédération du Rhin, Médiateur de la Confédération Suisse, à tous présents et à venir, salut.

Par l'article 13 du premier statut du 1er mars 1808, nous nous sommes réservé la faculté d'accorder les titres que nous jugerions convenables à ceux de nos sujets qui se seront distingués par leurs services rendus à l'État et à nous. La connaissance que nous avons du zèle et de la fidélité que notre cher et amé le sieur Théry a manifestés pour notre service, nous a déterminé à faire usage en sa faveur de cette disposition. Dans cette vue, nous 'avons, par notre décret du 15 août 1809, nommé notre cher et amé le sieur Théry chevalier de notre Empire. En conséquence, et en vertu de ce décret, ledit sieur Théry s'étant retiré par-devant notre cousin, le prince archichancelier de l'Empire, à l'effet d'obtenir de Notre grâce les lettres patentes qui lui sont nécessaires pour jouir de son titre, nous avons, par ces présentes, signé de notre main, conféré et

(1). Bibliothèque communale de Lille, DZᵉ 224. — C'est à la suite de ces discours, prononcés sur la grand'place de Lille, que M. Théry-Falligan fut destitué par le gouvernement.

2. La pièce originale est entre les mains de M. Gustave Théry.

conférons à notre cher et amé le sieur Louis Noël Joseph Théry, chef de bataillon, attaché à l'état-major général, membre de la Légion d'honneur, né à Lille le 25 décembre 1769, le titre de chevalier de notre Empire. Le dit titre sera transmissible à sa descendance directe légitime, naturelle ou adoptive, de mâle en mâle, par ordre de primogéniture, après que ses descendants, jusque y compris la troisième génération, auront obtenu de nous la confirmation du dit titre conformément aux dispositions de l'art. 21 de notre décret du 3 mars 1810

Permettons au dit sieur Théry de se dire et qualifier chevalier de notre Empire dans tous actes et contrats, tant en jugements que dehors ; voulons qu'il soit reconnu partout en la dite qualité, qu'il jouisse des honneurs attachés à ce titre, après qu'il aura prêté le serment prescrit en l'art. 37 de notre second statut, devant celui ou ceux par nous délégués à cet effet ; qu'il puisse porter en tous lieux les armoiries telles qu'elles sont figurées aux présentes : Parti au premier de sable à l'épée en pal d'argent surmontée d'une étoile à six rais (1), et soutenue d'une tour d'or ouverte, ajournée et maçonnée de champ ; au deuxième d'azur à l'ancre d'argent accompagnée de trois étoiles à six rais d'or, une en chef, deux en pointe ; champagne de gueules du tiers de l'Écu au signe des chevaliers ; pour livrées les couleurs de l'Écu.

Chargeons notre cousin, le prince archichancelier de l'Empire, de donner communication des présentes au Sénat et de les faire transcrire sur ses registres. Car tel est notre bon plaisir, et afin que ce soit chose ferme et stable à toujours, notre cousin le prince archichancelier de l'Empire y a fait apposer par nos ordres notre grand sceau en présence du conseil du sceau des titres.

Donné en notre palais de St-Cloud, le 13 du mois d'Août de l'an de grâce 1810.

Signé : NAPOLÉON.

Scellé, le 17 août 1810.

Le prince archichancelier de l'Empire,
Signé : CAMBACÉRÈS.

Au dos : Enregistré au conseil du sceau des titres. Registre P. M. 2. fol. 404

Signé : Le baron DIÉDON.

Transcrit sur les registres du Sénat, le 28 août 1810.

Le chancelier du Sénat,
Signé : Illisible (2).

— ⁂ — ⁂ — ⁂ — ⁂ — ⁂ — ⁂ — ⁂ — ⁂ — ⁂ — ⁂ — ⁂ — ⁂ —

IV.

Article nécrologique sur Antoine-François Théry.

NÉCROLOGIE.

L A ville de Lille vient de perdre un de ses habitants les plus recommandables : M. Théry-Falligan, qui jouissait, malgré ses quatre-vingt-trois ans, de la santé et de toutes les facultés de l'âge mûr, a été enlevé par une maladie de quelques jours.

M. Théry, par l'invariable fermeté de ses principes, n'était pas un homme d'une trempe ordinaire. Malgré le roulis qui ballotte le vaisseau de la France et qui fatigue les mâtures les plus fortes, il demeura imperturbablement bon chrétien, et conséquemment dévoué aux saines doctrines politiques qui ont pour base la justice et le droit, dévoué aux bonnes œuvres, sincèrement

---

1. La couleur de l'étoile n'est pas indiquée, mais sur les armes peintes sur le titre elle est d'or.
2. La pièce originale se trouve entre les mains de M. Gustave Théry.

attaché à la chose publique et toujours disposé à payer en toute occasion, de sa personne, de sa fortune et de son temps.

Il laisse à des enfants dignes de lui une mémoire sans tache, un type de vieille probité, et un nom entouré de la considération et de l'estime publiques.

(*Gazette de Flandre et d'Artois, 1ᵉʳ janvier 1850*).

V.

Article sur les noces d'or de M. et Mᵐᵉ Théry-Le Clercq.

NOCES D'OR

UNE cérémonie bien touchante a eu lieu hier à l'église Saint-André. M. Théry, sénateur inamovible, et Madame Théry célébraient le cinquantième anniversaire de leur union, en présence de leurs enfants et petits-enfants, et d'une nombreuse et sympathique assistance.

Mgr Dannel, évêque de Beauvais, ancien doyen de la paroisse, avait daigné accepter la présidence de cette fête. Sa grandeur a prononcé une allocution touchante, où elle a expliqué le symbolisme du jubilé, et formé des vœux pour la santé et la longue vie des époux.

« Puissiez-vous, a dit finalement Monseigneur, en s'adressant à notre honorable ami, assister quelque jour au triomphe des causes auxquelles vous avez consacré votre vie tout entière. Vous êtes de ceux qui croient aux consolations d'Israël. Puissiez-vous voir refleurir en ce beau pays de France, le droit, la justice et la religion. »

Toute l'assistance a voulu donner un témoignage particulier de ses sentiments à la famille, en prenant part à l'offrande. D'autre part, une quête a été faite par les petits-enfants des époux en faveur des écoles catholiques.

Nous joignons nos vœux à tous ceux qui ont été exprimés en cette heureuse circonstance à l'une des familles de Lille les plus dévouées à Dieu et au Roi.

(*Journal la Vraie France, 5 juin 1882*).

VI.

Enregistrement des armes d'Yves Falligan.

EXTRAIT de l'Annuaire de la noblesse de Belgique, publié par le baron de Stein d'Altenstein, année 1884, page 127.

« L'Armorial de la Flandre, du Hainaut et du Cambraisis de d'Hozier, publié par M. Borel d'Hauterive, attribue à Yves Falligan, auquel on donne le nom de *Jule Faligant (sic)*, des armoiries qui diffèrent beaucoup de celles que nous avons décrites en tête de cet article, d'après les documents officiels (1), savoir : D'argent à une ancre renversée d'azur, accostée de trois

---

(1) Voir annexe VII.

étoiles à huit rais de sable, deux à dextre posées en pal et une à sénestre (page 268). Ce blasonnement de pure fantaisie est dû à l'une des nombreuses erreurs que l'on peut relever dans les armoriaux de d'Hozier. »

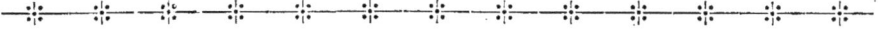

VII.

Titre de la Famille Falligan.

MARIE-THÉRÈSE, etc. De la part de notre cher et féal Ghislain Falligan de la Croix, conseiller fiscal en notre conseil de Tournay, dans la province et comté de Flandre, nous a été remontré en dû respect, qu'il serait fils légitime d'Ives, en son vivant aussi conseiller du roi et contrôleur général des recettes et dépenses de la ville de Tournay, et de damoiselle Marie-Anne Bourgau ; petit-fils d'Antoine Falligan, seigneur de la Croix, et de damoiselle Ivonne Tellier; et arrière-petit-fils d'Alphonse-Étienne, anobli par lettres patentes de S. M. Henri IV, roi de France, du 4e de novembre 1599; que le remontrant, aussi bien que ses ancêtres, suivant les pièces authentiques qui nous ont été produites, se seroient toujours comportés comme gens nobles et auroient été tenus et réputés pour tels, vivant de leurs propres biens, ayant desservi des charges honorables correspondantes à leur état, et vécu en vrais et fidèles sujets de leurs princes légitimes ; que par les guerres et pillages arrivés au pays originaire du remontrant, les titres et documents requis pour prouver et vérifier la descendance du dit Alphonse-Étienne Falligan seraient égarés, de manière qu'il serait très difficile de prouver et de vérifier cette lignée ; et comme le remontrant ne désirerait rien avec tant d'ardeur, etc..., il nous a supplié très humblement qu'en considération des circonstances ci-dessus énoncées, notre bon plaisir soit déclarer et confirmer l'état de noblesse, l'anoblissant de nouveau pour autant que de besoin, etc. Nous, ce que dessus considéré, etc.

Armes : D'azur à l'ancre d'argent accompagnée de trois étoiles à six rais mal ordonnées d'or
Cimier : cinq flambeaux (ou torches), deux d'argent, trois d'azur, celui du milieu d'azur surmonté d'une étoile d'or à six rais.

(Extrait de l'Annuaire de la noblesse de Belgique, année 1884, page 129) (1).

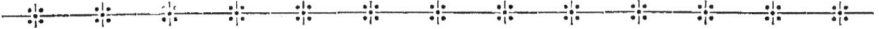

VIII.

Lettres de bourgeoisie de Philippe-François Falligan.

L'ARGENTIER soussigné de la ville de Lille en Flandres, certifie, où il appartiendra, que Philippe-François Falligan, fils d'Antoine et de Marie-Jeanne Mottet, natif de Tournay, garçon, a été admis bourgeois de cette ville par le Magistrat le 13 avril 1734, entre les mains duquel il a prêté le serment accoutumé, ayant acquitté les droits ordinaires. En foy de quoy le présent certificat lui a été délivré (2).

Signé : DU CHASTEAU.

1. Voir aussi : *Suite du supplément au Nobiliaire des Pays-Bas, 1686-1762.* Malines, 1779.
2. La pièce originale est entre les mains de M. Gustave Théry.

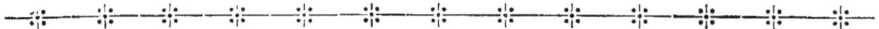

TABLE DES MATIÈRES.

GÉNÉALOGIES.

ANNEXES.

ERRATA.

Page	7	ligne	3	au lieu de	Kierch,	lisez	Kierck.
»	18	»	25	»	août	»	avril.
»	26	»	23	»	Camissié	»	Cannissié.
»	26	»	27	»	Camissié	»	Cannissié

www.ingramcontent.com/pod-product-compliance
Lightning Source LLC
Chambersburg PA
CBHW070904280326
41934CB00008B/1574